HABITER ENSEMBLE AUTREMENT

Ce livre a été publié avec le soutien de la région Bretagne.

www.lepassagerclandestin.fr

Photo en une de couverture : Immeuble et voies piétonnes du Quartier Vauban, à Fribourg (Allemagne)
Photo en quatrième de couverture : Maison autoconstruite à Christiania, Copenhague (Danemark)

Couverture : Quentin Poilvet
Corrections : Clémence Cochan

ANNE-SOPHIE CLÉMENÇON
ET MICHEL BERNARD

HABITER ENSEMBLE AUTREMENT

Du socialisme utopique à l'utopie écologiste

S!LENCE le passager clandestin

BÂTIR L'UTOPIE

Le logement a évolué selon les périodes et les lieux. Mais alors que notre société devient de plus en plus individualiste, beaucoup de personnes s'interrogent sur la possibilité de mettre en place des structures collectives d'habitat. Dans un premier temps, sur le plan social, pour favoriser l'entraide et la coopération, puis, plus récemment, pour limiter notre empreinte écologique.

Rassembler des reportages dans un beau livre pour donner à voir un autre imaginaire

Emmaüs Lescar-Pau (Pyrénées-Atlantiques) : *« Maison des volontaires » autoconstruite. L'habitat groupé est accessible à tous les budgets, sous des formes variées, voire originales, comme ici avec trois petits appartements.* *Voir page 196 et suivantes.*

De 1998 à 2017, nous avons réalisé ensemble des numéros régionaux pour le mensuel *Silence*, la plus ancienne revue en langue française traitant de l'écologie et de la non-violence. L'originalité de cette publication est de confronter les discours intellectuels avec les pratiques positives, ce que nous appelons les « alternatives ».
Au rythme de deux dossiers par an, l'un rédigeant les textes, l'autre prenant les photographies, nous présentions une dizaine de reportages relatant des initiatives diverses dans différents domaines (habitats groupés, économies solidaires, énergies renouvelables, etc.).
À la fin de notre tour des régions, nous avons décidé de poursuivre autrement ce travail en regroupant les quelque trois cents reportages par thèmes pour les republier sous forme de beaux livres faisant au moins autant honneur aux images qu'aux textes. En effet, sur les milliers de photos en couleurs collectées au cours de nos périples, seule une petite partie a été publiée, presque toujours en noir et blanc, dans la revue *Silence*.
C'est dans le domaine de l'habitat groupé que nous disposions du plus grand nombre de reportages, avec environ une vingtaine de lieux. Nous avons alors réfléchi à ce que pourrait être un livre qui suscite la curiosité, qui ouvre l'esprit sur d'autres moyens d'habiter ensemble et qui transmette des sentiments.
Nombreux sont celles et ceux qui rêvent d'un projet collectif, mais peu passent à la réalisation. En présentant des exemples concrets et en accordant une large part à la photo, notre but est de dynamiser un imaginaire écologique et social : montrer que c'est possible, que certains projets, initiés il y a longtemps, perdurent à travers le temps, et qu'ils ne concernent pas seulement une petite portion de la population, même si c'est dans les marges que naissent les initiatives qui font ensuite progresser l'ensemble de la société. L'objectif de cet ouvrage est de donner des exemples, des contacts, des pistes pour aller plus loin, afin de dépasser la seule lecture et de passer du rêve à la réalité.

La photo constitue une approche sensible créant une mémoire visuelle. La couleur permet de mieux se rendre compte de la beauté de certains lieux et du travail artistique souvent présent. Stimuler l'imaginaire nécessite de sortir de la photo documentaire pour aller vers une image plus plasticienne. Même si elle peut sembler parfois abstraite, la photographie esthétique révèle davantage les modes de vie qu'une photo classique. Les lieux racontent les histoires humaines parfois mieux que la représentation de ces humains. Cela n'empêche pas de placer, aux côtés des photos de ces espaces, des portraits, car il est important de montrer les visages de celles et ceux qui inventent un monde nouveau.
Le texte développe un récit. Alors que la photo propose un instantané, le texte permet de se déplacer dans le temps et de comprendre comment nous en sommes arrivés à ce qu'expose la photo. Il donne aussi la possibilité de creuser et d'expliquer ce qui n'est pas photographiable, comme les difficultés ou les réussites dans les relations humaines. Nous avons fait le choix de signaler aussi bien ce qui fonctionne que ce qui ne fonctionne pas. La photo montre le résultat, le texte le chemin suivi pour y arriver.

Un mouvement qui vient de loin

Torri Superiore (Vintimille, Italie) *: écovillage groupé dans un seul immense bâtiment médiéval d'une soixantaine de pièces.*
Voir page 94 et suivantes.

Certaines des initiatives que nous présentons sont fort anciennes : dès le début de l'industrialisation, au XIXe siècle, la question du « mieux vivre ensemble » apparaît au sein d'un courant politique que l'on appelle socialisme utopique. Ce socialisme prône la nécessité de mettre en place des alternatives concrètes sans attendre le « grand soir » que promet alors le socialisme par le haut.
Il existe différentes formes juridiques qui influencent le résultat final. Pour le modèle paternaliste du XIXe siècle, les logements n'appartiennent pas à leurs habitant·es, mais à un patron. Dès le début du XXe siècle, l'habitat coopératif donne la propriété du lieu à une coopérative et les personnes qui y vivent y sont à la fois locataires et coopératrices. D'autres formes d'habitats collectifs, comme les copropriétés avec des parties communes étendues, peuvent être qualifiées d'alternatives. Enfin les écoquartiers sont un mélange de tout cela, avec une planification qui n'a pas été choisie par les occupant·es. Ces réalisations vont à l'encontre de l'individualisme et de la seule cellule familiale afin de développer du commun, de l'entraide.
Pour réaliser un état des lieux actuel, il fallait choisir des initiatives existant encore aujourd'hui, même si l'état du collectif pouvait avoir évolué avec le temps, voire s'être étiolé. Nous avons sélectionné des habitations ayant un minimum d'ancienneté, pour avoir un recul suffisant. Ce qui nous a amené·es à retenir une vingtaine de lieux « forts », complétés par une trentaine d'autres moins détaillés, et à lister en annexe une centaine d'habitats collectifs existants.
Pour élargir la réflexion, nous intégrons quelques modèles européens emblématiques (Suisse, Allemagne, Danemark, Espagne…) pour nous servir d'exemples, ou de contre-exemples, et montrer les différences qui existent selon les pays. Ainsi, en Suisse, on n'achète pas le terrain puisque celui-ci appartient à l'État, ce qui change le prix des réalisations surtout en milieu urbain.

Des cités ouvrières aux écovillages

Les cités ouvrières et le paternalisme patronal est la première thématique avec quatre exemples qui ont commencé au XIXe siècle. À **Fontaine-Daniel**, dans la Mayenne, les ouvriers des Toiles de Mayenne ont pu profiter de logements très confortables dès 1832. De plus, l'un des dirigeants de l'entreprise, ayant lu les écrits de Rudolf Steiner, procède à l'installation d'une ferme en agriculture biologique pour la production d'une partie de la nourriture. Cet engagement écologique s'est poursuivi jusqu'à nos jours. **La Cité ouvrière** de Mulhouse est un autre exemple d'habitat collectif paternaliste. **Le Familistère** de Guise, dans l'Aisne, est quant à lui le plus connu dans son genre. Il présente tout un tas d'astuces de construction imaginées par Jean-Baptiste Godin, patron socialiste génial, et sa compagne Marie Moret. Le projet collectif a fonctionné jusqu'en 1968, une partie des immeubles étant aujourd'hui un musée. **La Colonie**, dans les Yvelines, n'a jamais réussi à faire aboutir totalement l'idéal de la cité fouriériste, mais existe toujours, entre résidence secondaire et cercle de réflexion sur Charles Fourier.
Nous présentons ensuite plusieurs ***cités-jardins du début du XXe siècle*** : la **Cité Bruno** dans le Pas-de-Calais et le **faubourg-jardin du Stockfeld** à Strasbourg. L'exemple de cité-jardin le plus intéressant reste celui de **Paris-Jardins** à Draveil, au sud de Paris, car c'est la première réalisation gérée par les ouvriers eux-mêmes. Ils ont réussi à acheter le château de la commune avec son immense parc sur lequel ont été autoconstruites au début du XXe siècle trois cent vingt maisons, le château restant un espace collectif. Si, aujourd'hui, ce sont surtout des cadres supérieurs qui y habitent et si les maisons se sont agrandies, le statut collectif a été maintenu depuis plus d'un siècle.
La période d'après-guerre génère une nouvelle vague de constructions collectives. C'est notamment la naissance du mouvement des Castors qui existe encore. **La Cité des Abeilles**, à Quimper, comprend cent maisons autoconstruites. À la même époque, un grand immeuble dénommé **l'Habitat communautaire** est érigé avec un statut collectif à Boulogne-Billancourt. Le Corbusier va également ériger **La Cité radieuse** à Rezé, près de Nantes, en lien avec une coopérative d'habitant·es. C'est alors qu'une loi est promulguée par le ministre Albin Chalandon durant l'été 1971, qui interdit le système de location coopérative. Il faudra attendre la loi Alur, soutenue par la ministre du Logement écologiste Cécile Duflot en 2014, pour que cette pratique soit de nouveau légale. Ce cadre réglementaire va avoir une forte incidence sur la construction de l'habitat groupé.
La loi de 1971 pourrait bien être une réaction pour lutter contre les pratiques collectives nées de Mai 1968. Car, à ce moment-là, le mot « autogestion » prend de l'importance et, parallèlement à de nombreuses expériences communautaires à la campagne, se développent des projets d'habitats groupés collectifs. C'est le début du ***Mouvement de l'habitat groupé autogéré des années 1970.*** L'une des premières réalisations, toujours active aujourd'hui, se fait dans le quartier de Belleville à Paris : **le Lavoir** réunit une quinzaine de familles. D'autres projets de la même mouvance voient le jour, comme **Yapluka** à Cergy-Pontoise, **la Fonderie** à Vanves ou de manière moins formelle **Roquebrune** dans l'Aveyron.

Ce mouvement n'est pas spécifiquement français. Nous présentons également diverses initiatives de l'***habitat groupé écologique en Europe***, avec des histoires très variées : **l'Îlot 13** à Genève, **Torri Superiore** en Italie, **Kraftwerk** à Zurich, **Västra Hamnen** en Suède, **Christiania** au Danemark, **Arterra** en Espagne. Cela peut même déboucher sur un écoquartier complet comme le squat dans d'anciens bâtiments de l'armée française du **quartier Vauban** à Fribourg, en Allemagne. Initiatives plus ou moins réussies comme le montrent les limites de celle de Malmö en Suède. Elles peuvent servir de modèles internationaux puissants comme le quartier Vauban, ou devenir une attraction touristique comme Christiania.

Au fil du temps, les expérimentations sociales vont progressivement s'enrichir des apports de l'écologie. Dans ***Les écoquartiers en France***, nous présentons l'immeuble des **Castors** à Saint-Étienne, dont la particularité est de n'avoir aucun chauffage, et le **quartier de Bonne** à Grenoble, qui est une réussite sur le plan de la mixité sociale. Quelques écoquartiers ont vu le jour à la campagne comme **les Courtils** à Hédé-Bazouges, près de Rennes. D'autres ont des ambitions plus modestes : l'**ÉcoZac**, **place de Rungis** à Paris ne se différencie guère du reste du quartier, si ce n'est par sa bonne efficience énergétique. Enfin, malgré son appellation d'écoquartier, le quartier de la **Confluence** à Lyon n'est rien de plus qu'une pure opération de communication.

Parmi ***Les écovillages et écohameaux en milieu rural***, **Le Béal**, dans la Drôme, est un des rares exemples en France de ce que l'on peut faire pour des personnes handicapées adultes. Les **communautés de l'Arche**, nées après-guerre, s'inspirant de la non-violence de Gandhi, ont été actives dans de très nombreuses luttes jusqu'à maintenant, tout comme les coopératives de **Longo Maï**, venues de l'extrême gauche, et qui figurent aujourd'hui parmi les modèles en termes d'articulation entre autonomie, écologie et action politique. Nous avons aussi retenu des projets plus modestes, mais non moins intéressants : **Écolonie** dans les Vosges animé par des Néerlandaises, le **Hameau de la Brousse**, en Charente, qui accueille des artistes en résidence, le **Hameau des Buis** en Ardèche, à l'origine organisé autour d'une ferme pédagogique, et **Chemins de vie** dans l'Allier qui est une expérience de vie collective avec des personnes âgées.

Pour ***l'habitat groupé écologique en ville***, **La Convention** est une brillante réhabilitation d'un couvent à Auch, dans le Gers, avec l'aide de plusieurs architectes engagés dans le projet. **Éco-Logis**, à Strasbourg, et **Abricoop**, à Toulouse, sont deux bons exemples d'habitat coopératif dans un quartier en pleine mutation. Les **Babayagas**, un collectif de femmes âgées très médiatisé situé à Montreuil, à l'est de Paris, présente une histoire passionnante et des engagements forts, mais nous verrons qu'elles n'ont pas réussi à maintenir un collectif.

On peut se demander si tous ces projets et réalisations sont réservés à des personnes aisées. C'est parfois le cas, mais il existe des exemples qui, à l'opposé, montre qu'il est possible de faire du ***logement social groupé et écologique*** avec des personnes plus pauvres. C'est notamment le cas dans le **village Emmaüs Lescar-Pau** où, grâce à un encadrement professionnel, les compagnons d'Emmaüs ont construit chacun·e leur propre maison, souvent très originale et, au fil du temps, de plus en plus écologique, jusqu'à inaugurer en 2020 une première maison sans chauffage. Emmaüs a également soutenu l'action du très actif Cédric Herrou, dans la vallée de la Roya, au nord-est de Nice, pour la création d'un premier habitat

collectif, **Emmaüs La Roya**, en lien avec une activité de maraîchage et non de récupération. **Bivouac** à Chambéry, **Chênelet** dans le Pas-de-Calais, sont aussi des modèles inspirants où les critères écologiques sont intégrés à la démarche sociale. **Le Village vertical**, près de Lyon, est un exemple qui montre que l'on peut faire vivre un habitat de haute qualité, avec de nombreuses activités collectives, en s'associant avec un bailleur social.
Autres solutions pour les jeunes activistes sans gros budget : ***l'habitat léger, l'autoconstruction et les squats***. Cela peut s'associer à l'occupation de lieux, comme dans le cadre de la **Zone à défendre** de Notre-Dame-des-Landes, luttant contre un projet d'aéroport près de Nantes, ou aux **Lentillères** à Dijon (contre la destruction de terres agricoles au profit d'un pseudo écoquartier) ; cela peut être une occupation d'un terrain en bordure d'un campus universitaire comme **La Baraque** à Louvain-la-Neuve, en Belgique, ou encore l'achat pour un prix dérisoire d'une ancienne décharge recouvrant des maisons troglodytes au sud d'Angers, devenu **Troglobal**, un lieu de vie pour de nombreux artisans d'art. En Corse, **Francishu** s'est installée au bout des pistes de l'aéroport de Figari, dans une zone inconstructible à cause du bruit, un inconvénient ponctuel pour un paysage sublime en bord de mer. Les Travellers, qui vivent en camion, profitent de l'accueil d'une famille militante pour s'installer sur le carreau d'une ancienne **mine** dans le Gard.
Il n'y a pas de règles absolues et nous avons voulu montrer que les formes d'entraide et de coopérations peuvent prendre des voies très différentes selon les profils des personnes, selon les engagements politiques, selon les lieux et les époques... Tous les exemples présentés ici datent, pour leur conception, d'avant la loi Alur de 2014 (**Abricoop**, un des plus récents, est habité depuis 2017 mais a été pensé à partir de 2008). Alors qu'avant cette loi on comptait une centaine de réalisations, depuis, c'est l'envolée puisqu'il y a actuellement plus de huit cents projets en France, même si tous ne se concrétiseront pas. Nous espérons que ce tour d'horizon, qui montre aussi bien la beauté des lieux que les difficultés rencontrées, aidera à ouvrir les cerveaux, à faire battre les cœurs et à inciter les mains à passer à l'ouvrage. ■

***Écoquartier de Bonne (Grenoble, Isère)** : les écoquartiers ne sont pas tous conçus sur le même modèle. Ils peuvent comprendre de vastes espaces verts publics, des habitats collectifs, des services partagés...*
Voir page 144 et suivantes.

Habitat coopératif et habitat collectif, quelles différences?

Selon les lieux, on choisit un des termes, sans qu'il soit toujours facile de comprendre les distinctions entre ces expressions.
Il y a des différences de statuts : dans un habitat coopératif, les personnes prennent des parts de société, mais, contrairement à la copropriété classique, les décisions ne sont pas fonction du nombre de parts, mais sont prises selon le principe «1 personne = 1 voix». Ce choix coopératif se veut un frein à la spéculation.
Un habitat collectif implique seulement une gestion collégiale des parties communes : souvent une salle des fêtes, de réunion, de jeux, mais aussi parfois buanderie, atelier de bricolage avec des outils à la disposition de tous, chambre d'ami·e, jardin partagé...
Dans tous les cas, il s'agit de déplacer la limite entre parties privées et parties collectives pour améliorer l'entraide, la coopération et diminuer l'empreinte écologique.

LES CITÉS OUVRIÈRES ET LE PATERNALISME PATRONAL

1

Après 150 ans, les 1 243 maisons de la Cité ouvrière de Mulhouse sont toujours très appréciées.

Dès le début de la révolution industrielle, certains patrons développent des lotissements à proximité de leurs usines pour y loger le personnel. Si l'écologie n'est pas alors d'actualité, on retrouve dans ces cités ouvrières bon nombre de préoccupations qui visent à améliorer les conditions de vie (eau courante, toilettes), la santé (lumière, lutte contre l'alcoolisme), les relations sociales (avec des écoles, des bibliothèques, des salles de spectacles...).

Ce mouvement est appelé «paternalisme industriel». Alors que, dans nombre d'usines, la violence des contremaîtres permet de maintenir l'obéissance, cette démarche consiste à considérer l'ensemble du personnel comme une immense famille. Généralement, le patron vit à proximité de l'usine, tout comme le personnel d'encadrement et les ouvriers. Le confort des logements est lié à la hiérarchie au sein de l'usine.

En principe, l'adhésion des ouvriers et des ouvrières à ce mode de vie est volontaire. La qualité de vie offerte étant bien supérieure dans ces cités, les familles ouvrières font ce choix de proximité et restent ainsi sous contrôle du patron pour l'ensemble de leurs activités.

Nous présentons trois exemples. Il en existe d'autres : Michelin à Clermont-Ferrand (Puy-de-Dôme), Schneider au Creusot (Saône-et-Loire), Menier à Noisiel (Seine-et-Marne), etc.

MAYENNE
Saint-Georges-Buttavent
1832

180 personnes

Le village de Fontaine-Daniel s'est construit autour d'une ancienne abbaye cistercienne. Celle-ci est, depuis deux siècles, habitée par la famille qui dirige la société des Toiles de Mayenne.

FONTAINE-DANIEL. DE LA FABRIQUE DE TEXTILE À L'ÉCOLOGIE

Le village de Fontaine-Daniel, en Mayenne, s'est constitué autour d'une manufacture de textile. Depuis 2004 s'y développe une fête de la Terre, qui entend notamment mêler les trois écologies – environnementale, sociale et mentale. En 2015 est née une épicerie coopérative. Une histoire de longue durée.

La perspective décroissante ne date pas d'hier. Au XIIe siècle, Bernard de Clairvaux (1090-1153) entre en dissidence avec l'Église catholique et participe à fonder l'Ordre cistercien, qui prône une plus grande autonomie au sein de la nature et un meilleur partage des richesses. En 1204, des moines cisterciens s'installent à cinq kilomètres de la ville de Mayenne. Une abbaye voit le jour, entourée d'une vaste forêt arrosée par un ruisseau. Les moines vivent de l'agriculture, l'eau et le bois leur fournissant de l'énergie. Ils créent un barrage et un étang et restent là près de six siècles, modelant un paysage encore visible aujourd'hui.
Les moines sont chassés par la Révolution en 1789 et leurs biens sont revendus par l'État en 1796. Jean-Pierre Horem et Sophie Lewille, deux industriel·les originaires de Paris, s'installent dans le domaine pour créer une filature et un atelier de tissage. Leur activité se développe rapidement et, en 1820, environ sept cents ouvriers y travaillent. En 1832, la patronne de l'entreprise, Élisabeth Arfield, décide de construire des logements pour les ouvriers. Des maisons d'une seule pièce avec des jardins. Il y aura jusqu'à cinq cent cinquante parcelles. Les caisses d'emballage de l'entreprise sont récupérées, et leurs planches utilisées pour fabriquer des cabanons qui servent d'entrepôts aux jardiniers.

La fin d'une époque, le début d'une autre

Au fil du temps, de nouveaux logements plus spacieux sont bâtis, d'abord sous forme d'immeubles, puis de maisons mitoyennes. En 1955, pour faciliter l'approvisionnement de la communauté ouvrière, une ferme est installée dans des bâtiments annexes de l'ancienne abbaye. Comme le dirigeant de l'époque est un grand lecteur du penseur autrichien Rudolf Steiner – le fondateur de l'anthroposophie, un mouvement qui, dès le début du XXe siècle, développe des idées qui serviront à la naissance d'une des branches de l'écologie –, la ferme fonctionne en biodynamie, une forme d'agriculture biologique. Elle se concentre principalement sur les produits laitiers.
Ce village, qui dépend de la commune de Saint-Georges-Buttavent, est ainsi géré pendant deux siècles par la même famille, qui applique les principes du paternalisme. Pendant six générations, l'entreprise s'est caractérisée par son approche liée au protestantisme : soin dans le travail et réinvestissement de l'argent dans l'entreprise. Il n'y a eu aucune fuite de capitaux : tous les excédents sont restés à Fontaine-Daniel.

À partir des années 1980, le monde du textile est confronté à une mondialisation rapide. Dans ce secteur, 95 % des emplois français disparaissent en trente-cinq ans. La marque Toiles de Mayenne doit faire face à des difficultés. Elle change de stratégie commerciale en ouvrant des boutiques de vente et doit trouver de la trésorerie. Entre autres, elle met alors certains logements en vente, ce qui ouvre davantage le village au monde extérieur. Avec le développement de la voiture, de plus en plus de personnes du village travaillent ailleurs et, inversement, un nombre grandissant de salarié·es habitent à l'extérieur.
L'école privée de l'entreprise ferme en 1991, la crèche l'année suivante, l'épicerie en 2004. À cette date, alors qu'il ne reste que cent soixante-dix personnes dans le village, dont seulement dix travaillent dans l'entreprise, une nouvelle impulsion est lancée autour des questions liées à l'écologie. Aujourd'hui, le village est structuré autour d'une place, de quelques commerces et d'un mélange d'habitations privées ou locatives, présentant une grande harmonie architecturale.

Naissance de la fête de la Terre

L'augmentation de la mobilité provoque un affaiblissement des liens de solidarité au sein du village, comme dans la plupart des communes françaises, et un vieillissement de la population. La traditionnelle fête du village, extension de la fête de l'école qui existait depuis le milieu du XIXe siècle, a lieu le premier week-end de septembre. Née entre les deux guerres, elle connaît en 1995 quelques difficultés d'organisation.
En 1996, un premier virage est pris : des trentenaires qui sont revenu·es au village s'investissent dans l'organisation de la fête, en ajoutant aux traditionnelles activités (banquet, fête foraine, concours de pêche, de boules, visite de l'abbaye, de la manufacture...) un thème qui ouvre sur d'autres activités (expositions, ateliers, conférences). En 2003 est organisé pour la première fois un marché bio. Cela donne l'idée à l'association Les Cabanons, qui a pris la suite du comité des fêtes, d'infléchir l'orientation des festivités. Désormais, la fête de la Terre investit l'écologie tout en perpétuant les autres activités. Le souci de l'environnement est une vieille tradition à Fontaine-Daniel, s'exprimant notamment à travers l'agriculture biodynamique pratiquée depuis longtemps par les jardiniers du village, mais de nouveaux arrivants lui donnent alors un second souffle. Hasard de calendrier, ce renouveau coïncide avec l'apparition de Planète en fête, une célébration plus spécifiquement écolo lancée par le milieu de l'agriculture biologique du département, qui change de commune chaque année.
La fête de la Terre permet une ouverture progressive sur l'extérieur et se développe un peu plus chaque année.

Ci-contre : Le village est entièrement construit en pierres et ardoises et présente une grande homogénéité.

Page 20 et 21 : Les jardins intercalés au milieu des constructions ont permis de conserver de très nombreux arbres.

Témoignages sensibles

En 2013, pour les dix ans de l'association, un livre est publié : *Habiter la Terre en poète* (coéd. les Cabanons/Éditions du Palais). Il est l'occasion d'interroger des personnes venues faire une conférence ou un atelier, mais également celles qui habitent le village. Des entretiens sont réalisés début 2013 par Mohammed Taleb, philosophe, et Nathalie Calmé, journaliste. L'ouvrage, imposant, est illustré par des artistes. Beaucoup de questions tournent autour de la sensibilité des personnes, leurs motivations profondes, ce qui est assez original et dépasse largement le seul intérêt local de la fête. Le livre donne la même place à tout le monde, suit le même questionnement, pour éviter toute hiérarchie entre les « intellectuel·les » et les habitant·es.

Nouvelle génération

Raphaël Denis, l'un des actuels dirigeants de l'entreprise (le seul qui habite au village), fait partie de l'association organisatrice, ce qui est parfois ressenti comme ambigu.
Le repas commun, le samedi soir, draine presque tout le monde. Selon Emmanuel Renard, actuel agriculteur de la ferme du village, la fête est une bonne chose pour l'ouverture vers l'extérieur, mais il manque maintenant un autre moment où se retrouveraient seulement les habitant·es du village.
La fête a fait connaître le lieu à des jeunes. Elles et ils sont venu·es s'installer sur place et ont réinvesti les jardins. Élise Glémain, qui est arrivée en 2011, a développé un projet d'épicerie coopérative pour vendre à nouveau sur place des produits surtout locaux et, si possible, bio et pas chers. Le projet s'est concrétisé en 2015 sous la forme d'une société coopérative d'intérêt collectif (Scic).
En septembre 2013, l'association Les Topinambours a vu le jour pour la sauvegarde des jardins ouvriers. Ceux-ci sont attribués à qui veut, en échange de l'engagement à les entretenir, les cultiver ou les mettre en jachère fleurie, sans utilisation d'engrais ou de pesticides. Un entretien global est assuré de manière collective (taille des arbres, désherbage, entretien des chemins...).
Il y a encore largement de quoi accueillir, à petit prix, de nouvelles familles qui voudraient développer des activités alternatives, mais le poids de l'histoire reste pesant pour beaucoup. Le passage du privé au public d'une partie du foncier, la vente des appartements, l'activité associative devraient progressivement mieux séparer le passé industriel et la vie quotidienne. Le village est en mutation. ■

Petits immeubles (en haut) et maisons individuelles (en bas) traduisaient à l'origine une hiérarchie au sein des usines. La qualité des bâtiments fait qu'aujourd'hui, les deux sont appréciés.

On peut voir, entre les maisons, un passage piéton permettant un accès aux jardins.

HAUT-RHIN

Mulhouse

1853

1243 logements

En haut : Les maisons mitoyennes par deux ou par quatre, placées au centre d'un jardin, ont été modernisées avec le temps.

En bas : La Cité manifeste, construite 150 ans plus tard, présente des aspects plus contemporains, mais ne s'avère pas forcément plus confortable.

LA CITÉ OUVRIÈRE. QUAND L'ANCIEN FONCTIONNE MIEUX QUE LE CONTEMPORAIN

Jean Dollfus, directeur d'une usine textile, crée le 10 juin 1853 la Société mulhousienne des cités ouvrières (Somco) et lance, avec le soutien d'autres dirigeants d'usines textile, un quartier de logements destiné aux ouvriers des filatures. Le projet est confié à l'architecte Émile Muller. Le modèle retenu est constitué de deux ou quatre habitations accolées au centre d'un petit jardin. Chaque logement dispose d'une cave, d'un rez-de-chaussée (avec cuisine et salle de séjour), d'un étage (deux chambres) et d'un grenier.

De 1853 à 1897, en plusieurs tranches, 1243 logements unifamiliaux sont construits. Il y a en moyenne sept personnes par maison, soit au total 8700 habitant·es.

Les parcelles sont séparées par d'étroites rues de 2,5 mètres de largeur selon un damier régulier, limitant aujourd'hui la circulation automobile. Une place centrale devait accueillir des commerces. C'est resté un espace vert.

Chaque ouvrier peut disposer d'une accession à la propriété en échange d'un acompte de deux cent cinquante francs et d'un crédit sur quinze ans de vingt francs par mois (pour un salaire minimum de cent vingt francs par mois). L'ouvrier peut aussi rester locataire. Les maisons sont vendues à prix coûtant.

Peu à peu, des modifications sont apportées : nouveau découpage, élévation, extension sur le jardin… et on assiste progressivement à une gentrification : en 1876, on compte 6550 personnes. Un tiers des logements ne sont plus occupés par des ouvriers : il y a des ingénieurs (13 %), des petits commerçants (13 %) et d'autres métiers plus bourgeois (6 %). Aujourd'hui, les maisons, petites mais confortables, sont très recherchées par les classes moyennes.

Vision contemporaine, mais pas écologique

En 2003, pour les cent cinquante ans de la cité, un concours d'architecture intitulé Cité manifeste de Mulhouse est lancé. Les cinq architectes gagnants construisent soixante et un logements sociaux. Si du point de vue esthétique, le résultat est séduisant, il est plus que discutable sur le plan écologique : en 2006, des locataires des habitations créées par l'architecte Jean Nouvel accrochent des banderoles sur les fenêtres pour dénoncer le coût du chauffage par convecteurs électriques (parfois jusqu'à 2500 euros à l'année). En 2007, l'isolation des bâtiments est donc renforcée. Pour les autres logements, des modifications ont été demandées : des barrières en bambous pour se protéger des regards depuis la rue, des zones de goudron enlevées pour laisser place à de la végétation. Enfin des pare-soleil ont dû être placés sur des zones largement vitrées : la température montait à trente-cinq degrés dans les chambres! Les anciennes maisons attirent plus que les nouvelles! ■

AISNE
Guise
1859

2000 personnes à l'origine

Le bâtiment central du Familistère est aujourd'hui transformé en musée, avec à gauche un bâtiment de logements.

LE FAMILISTÈRE. UN PALAIS SOCIAL AUJOURD'HUI DEVENU UN MUSÉE

Inspiré par la pensée de Charles Fourier, Jean-Baptiste Godin, patron d'une usine de poêles, construit, entre 1859 et 1884, un palais social pour ses ouvriers, prévu pour deux mille personnes.

Chaque bâtiment de quatre niveaux est construit autour d'une vaste cour recouverte d'une verrière où les enfants peuvent jouer. Tous les appartements, très lumineux, ont leur porte d'entrée sur une coursive côté cour. Un magasin est installé à l'entrée, pour permettre de faire ses courses. Une piscine et une buanderie collective sont chauffées par l'eau chaude de l'usine. Il y a une école primaire, un théâtre...

Avec sa compagne, Marie Moret, Godin met en place une structure coopérative, confiant son capital à ses ouvriers : l'Association coopérative du capital et du travail, Société du Familistère de Guise Godin & Cie, voit le jour le 13 août 1880, respectant une parité hommes-femmes dans les postes d'encadrement.

Le Familistère va résister aux deux guerres mondiales. Mais des conflits internes éclatent à partir des années 1950 et l'association est dissoute le 22 juin 1968.

À partir de 2000, un programme est lancé pour réhabiliter les lieux : le bâtiment central est aménagé en musée, les deux ailes en logements. ■

LA COLONIE. LE RÊVE INACHEVÉ DE CHARLES FOURIER

YVELINES
Condé-sur-Vesgre
1832
25 logements

En 1832, Victor Considerant, économiste, Just Muiron, journaliste, et Clarisse Vigoureux, écrivaine, décident de créer une communauté autonome. Le projet est lancé sur quatre cent soixante hectares avec cent cinquante familles. Dès 1833, sa réalisation est freinée par le manque d'argent. À ce moment, deux cents hectares de bruyères ont été défrichés, treize mille arbres plantés. Une briqueterie construite sur place permet de fournir les briques nécessaires aux constructions.
En 1836, la société est en faillite. De 1840 à 1842, en 1848, de 1850 à 1860, de nouvelles tentatives échouent.
Le 11 novembre 1860, une société civile immobilière se constitue et met à la disposition des sociétaires les différents appartements déjà bâtis. À partir de cette date, un équilibre financier est trouvé. De nouveaux bâtiments sont construits jusqu'en 1870. Les projets agricoles sont remplacés par une exploitation du bois.
Aujourd'hui, la Colonie est devenue une résidence pour les week-ends. Quelques-unes des vingt-cinq familles actuelles descendent des fondatrices de 1860. Elles prennent leurs repas en commun, réalisent des tâches ensemble (entretien des bois et des bâtiments) et disposent de ressources partagées (bibliothèques, salons, salles de musique, tennis, vélos). ■

Le bâtiment principal de la Colonie, tout en longueur, regroupe au rez-de-chaussée les parties communes (cuisines, immense salle à manger, salons, bibliothèque…) et à l'étage de nombreuses chambres pour les personnes invitées.

LES CITÉS-JARDINS DU DÉBUT DU XXe SIÈCLE

2

Maison du faubourg-jardin du Stockfeld à Strasbourg.

Alors que les villes sont de plus en plus polluées du fait du développement industriel, l'urbaniste Ebenezer Howard, après avoir visité des communautés de différents types, publie en 1898 le livre *To-morrow : A Peaceful Path to Real Reform* (« Demain. Une voie pacifique vers une vraie réforme ») dans lequel il propose de rendre les villes moins denses pour que chaque famille dispose d'un morceau de campagne. Il souhaite que la taille des villes soit limitée à trente-deux mille personnes et qu'une gestion coopérative l'anime. Ce livre aura un fort retentissement.

La première cité-jardin est construite à partir de 1887 sur quatre-vingt-douze hectares, près de Liverpool, au nord-ouest de l'Angleterre. Contrairement aux cités ouvrières bâties par les patrons du chapitre précédent, il n'y a pas de hiérarchie dans les logements. Les potagers et des zones de loisirs communes y tiennent une place plus importante. Il y a le plus souvent des écoles, une maison commune avec des activités sportives, une bibliothèque, etc.

En France, en 1904, Georges Benoit-Lévy, juriste et journaliste, publie après un voyage en Grande-Bretagne le livre *La cité-jardin*, et crée une association pour promouvoir ce type de cités. La même année commence le chantier de la Cité Bruno à Dourges (Pas-de-Calais). De nombreuses autres vont voir le jour en Île-de-France, le mouvement se développant entre les deux guerres, et certaines atteignent deux mille cinq cents logements.

ESSONNE
Draveil
1911
322 maisons

PARIS-JARDINS. QUAND LES OUVRIERS CONSTRUISENT LEUR HABITAT

Il y a plus d'un siècle, Paris-Jardins voit le jour sur quarante-deux hectares à Draveil, à vingt kilomètres au sud de Paris. Aujourd'hui largement embourgeoisée, cette cité-jardin, qui compte trois cent vingt-deux maisons, fonctionne toujours sous forme de coopérative.

En 1909, une centaine d'employés et ouvriers socialistes, presque tous parisiens et travaillant pour la plupart dans le secteur de l'imprimerie, se réunissent en société coopérative pour concrétiser l'un des premiers projets de cité-jardin en France. Ils veulent y développer des valeurs de solidarité et de coopération afin de lutter contre le capitalisme. Bénéficiant du soutien de la gauche de l'époque, la coopérative comptera jusqu'à six cents sociétaires, qui réunissent des fonds pour permettre l'achat d'un ancien domaine seigneurial. Les propriétaires, une famille noble, refusent de vendre à des roturiers ; les sociétaires passent donc par un prête-nom pour réaliser l'achat. La signature de l'acte d'achat fait figure de véritable victoire et, le 31 août 1911, le collectif entre sur les lieux en chantant *L'Internationale*.
Initialement, seules des coopératives peuvent avoir une activité économique sur le site. Les financements capitalistes y sont refusés et la propagande religieuse interdite. L'emplacement du terrain, à proximité de la gare de Juvisy, permet de continuer de travailler à Paris.

Démarche coopérative

Des coopératives du bâtiment se créent et commencent à construire les maisons aux normes HBM (habitations à bon marché, ancêtres de nos HLM). Une parcelle ne peut dépasser 1500 mètres carrés. Pendant vingt-cinq ans, la coopérative perçoit les loyers de chaque habitation à un niveau équivalent à celui du logement social. Au bout de ce délai, le sociétaire devient propriétaire de sa maison. Les ventes ultérieures sont soumises à la coopérative, qui estime le juste prix de la maison pour éviter la spéculation. Dix-sept hectares d'espaces verts et le château lui-même restent propriétés communes. L'idéal recherché au départ est « une autarcie autogérée ». Une coopérative anime la production de fruits et légumes dans les jardins. Le reste de l'alimentation est fourni par une coopérative de consommation qui négocie les prix au tarif de gros. Le château doit permettre l'accueil de sociétaires âgés devenus dépendants et offre des locaux pour les loisirs et les réunions.
La première guerre mondiale interrompt les chantiers. Tout est fini de construire avant 1920 et la cité-jardin compte trois cent vingt-deux maisons. C'est alors qu'un conflit apparaît. Comme le travail en coopérative est assez lent, certains sociétaires demandent à avoir recours à des entreprises privées extérieures pour réaliser les égouts, la voirie, l'électrification... Cela ira jusqu'à un procès qui, en 1928, obligera à accepter ces interventions extérieures. C'est un virage important dans la vie collective.

Ci-contre : À Paris-Jardins, chaque maison dispose d'un grand jardin (jusqu'à 1500 m²) et 17 hectares d'espaces verts ont été maintenus en propriété collective, laissant l'impression à chaque famille de vivre dans un parc.

Page 32 : La plupart des maisons se sont agrandies avec le temps pour devenir aujourd'hui très bourgeoises.

Page 33 : L'étang au centre du parc du château a été conservé.

Cette maison fait plus que le double du volume de la maison initiale. Les haies ont une hauteur limitée pour maintenir de grandes perspectives.

L'étang est isolé de la circulation automobile et longé par des sentiers permettant des promenades très agréables.

Au fil du temps, les actions de coopération et de recherche d'autonomie diminuent. La coopérative d'achat s'arrête. En 1964, le dernier jardin collectif disparaît. Toutefois, la coopérative générale Paris-Jardins continue de gérer les espaces verts, la voirie, le château et de coordonner de nombreuses manifestations conviviales.

Lent embourgeoisement

En 1971, Paris-Jardins quitte le statut de logement social, la plupart des sociétaires étant devenus propriétaires. Les maisons sont progressivement agrandies et la surface moyenne habitable passe de 70 mètres carrés en 1920 à 135 en 1967. Les ventes s'accélèrent, la coopérative ne contrôle plus les prix.
Les professions d'ouvrier et d'employé ont été progressivement remplacées : encore soixante-sept en 1975, ils ne sont plus qu'une dizaine aujourd'hui, tandis que les cadres supérieurs et les professions intellectuelles supérieures représentent, en 2008, 62 % des actifs déclarés.
Le nombre de personnes varie peu : 854 habitant·es en 1936, 820 (dont 214 enfants) en 2008, soit une densité de 2000 habitant·es au kilomètre carré, plus faible que les lotissements et cités d'Île-de-France.

Vers une cité durable?

Le château, qui appartient à la coopérative Paris-Jardins, bénéficie d'une convention avec la commune de Draveil : il sert d'espace de réception pour différents usages et pour des associations. La coopérative Paris-Jardin dispose de créneaux horaires pour ses propres utilisations. L'idée d'une résidence pour seniors n'a jamais vu le jour.

En 2006, le conseil d'administration de la coopérative lance un appel à projets pour célébrer le centenaire en 2011. Plusieurs sociétaires, ayant effectué des aménagements écologiques chez eux (isolation, capteurs solaires…), proposent un programme qu'ils dénomment PJ 2050, développement d'un plan stratégique de développement durable. Comme son nom l'indique, il s'agit de transformer la cité actuelle en modèle durable, peu consommateur d'énergie et émettant peu de gaz à effet de serre. La réflexion suggère que cela implique un changement des règles de fonctionnement de la coopérative. L'idée de base est présentée à l'assemblée générale sous les applaudissements de la salle.
Paris-Jardins dispose d'une taille suffisante et d'une structure coopérative idéale pour mener des actions collectives en ce sens. Mais, à l'inverse, l'héritage historique est un facteur d'immobilisme : les conflits passés poussent le conseil d'administration de la coopérative à la prudence.
Un groupe informel, qui prend le même nom que le programme (PJ 2050), réunit vingt-sept sociétaires. Il collecte des informations sur la consommation d'énergie, les déchets, les modes de transports de chaque maison… et les met à la disposition de toutes et tous sous forme d'une feuille d'information disponible au secrétariat de Paris-Jardins. Il organise ensuite des réunions d'information autour des Agendas 21 (plans d'action écologiques pour les collectivités territoriales), des écoquartiers, d'expériences de rénovation performante par des personnes extérieures, etc.

PJ 2050 essaye de chiffrer l'empreinte écologique de Paris-Jardins. L'atelier Énergie est le plus dynamique. On y trouve notamment Mycle Schneider, consultant sur les questions énergétiques au niveau international, qui amène ses connaissances et son carnet d'adresses. Pour entrer dans le concret, un premier point « zéro énergie » est mené en 2008 sur six maisons volontaires. Les résultats montrent notamment que la consommation d'électricité peut varier d'un à quatre, avec un niveau de vie équivalent. Cela met en évidence un important potentiel d'économie d'énergie.
Chaque année, une maison du site est démolie et reconstruite, tandis que dix autres font l'objet d'une vente, le plus souvent suivie d'une rénovation. La première proposition du groupe a donc consisté à étudier comment modifier la charte actuelle du domaine – qui oblige, par exemple, à respecter une hauteur de clôture, à ne pas toucher aux arbres existants – pour conseiller, à ce moment-là, les techniques les plus écologiques possible. Il est proposé d'introduire d'autres contraintes collectives : un bon niveau d'isolation, l'installation d'eau chaude solaire, le recours à la basse tension pour l'électricité…
D'autres pistes sont envisagées : l'incitation au compostage individuel pour limiter le passage des camions de poubelles qui détériorent les voies de communication ; investir dans la rénovation du château pour en faire une réalisation pilote…

Une inertie importante

En 2009, le groupe PJ 2050 décide de se doter d'un statut juridique. Il devient une association pour dialoguer avec les administrations et prétendre aux aides publiques. Au lieu de relayer cet important travail de réflexion, le conseil d'administration prend alors ses distances, semblant craindre la complexité des changements que cela pourrait entraîner au niveau du fonctionnement coopératif.
À partir de 2010, ce projet est bloqué. Lorsque les relations de voisinage sont en jeu, certains ne veulent pas envenimer la situation et, de fait, c'est le statu quo qui l'emporte. Si certain·es font des travaux allant dans cette direction, espérant être imité·es par d'autres, cela ne permet pas d'engager ce qui pourrait être accompli collectivement.
Cette initiative montre bien les forces et les limites du fonctionnement en coopérative, surtout lorsque, comme ici, le nombre de sociétaires est important.
Les candidat·es aux actuels projets d'habitat groupé écologique bénéficient ici d'une belle histoire, avec un siècle de recul, dont elles et ils peuvent tirer des enseignements sur la persistance ou non d'une utopie fondatrice, sur ses nécessaires mutations, mais aussi sur les difficultés qui naissent dans un collectif. ■

Photos 1 et 4 : L'étang est un lieu de ressourcement.

Photo 2 : Rencontre entre le groupe Paris-Jardins 2050 et les auteur·ices.

Photo 3 : Mycle Schneider, spécialiste de l'énergie de renommée mondiale, vit sur place.

PAS-DE-CALAIS
Dourges
1904
500 maisons

En haut : Les jardins de la cité Bruno sont face à des champs. Au fond à gauche, on peut voir un terril d'une ancienne mine de charbon.

En bas : Les maisons mitoyennes sont construites en symétrie, avec les rez-de-chaussée en briques.

CITÉ BRUNO. AU PIED D'UN TERRIL, LA PREMIÈRE CITÉ-JARDIN DE FRANCE

La Cité Bruno à Dourges (entre Lens et Douai) est considérée, avec ses cinq cents maisons, comme la première cité-jardin de France. Elle possède des espaces aérés et boisés. Chaque maison mitoyenne dispose d'un jardin. Il y a quelques squares publics. Chaque logement individuel est construit sur deux niveaux, le premier en briques, le second en faux colombage ciment.

Le nom de la cité vient de Bruno de Boisgelin, président de la société des mines de Dourges. Il s'agit d'une démarche paternaliste : c'est la société qui construit la cité, sous la direction de l'architecte Ernest Delille. On y dénombre douze modèles de maisons, ce qui évite toute monotonie.

En 1910, il y a environ deux cents maisons pour un peu plus de huit cents personnes. En 1922, celles-ci partent dans une autre cité voisine à Hénin-Beaumont et laissent la place à des travailleurs polonais venus remettre en état les sites miniers après-guerre.

En 1923-1925, deux cent soixante nouveaux logements sont construits. Cette fois, les habitations de la « Cité nouvelle » sont groupés en quatre ou six maisons étroites et mitoyennes, avec moins de verdure, le jardin se trouvant à l'arrière. En 1926, les cinq cents maisons hébergent environ deux mille six cents personnes, toutes polonaises. On parle alors de « petite Pologne ». Une église est érigée en bordure de la cité en 1927 et porte le nom de Stanislas, patron de la Pologne. Une salle des fêtes voit le jour à la même époque ainsi qu'une coopérative alimentaire. Un groupe scolaire est construit en 1931. Il y a 563 cités minières dans le Nord-Pas-de-Calais.

Les mines de charbon de Dourges cessent leur activité dans les années 1970. La dernière mine de charbon de la région ferme en 1990. Après la fin de cette industrie (un terril domine toujours la cité), la cité se dégrade, jusqu'à qu'elle soit retenue dans le cadre d'une valorisation du patrimoine. Inscrite au patrimoine mondial de l'Unesco depuis 2012, elle est rénovée de 2015 à 2017 : isolation, récupération des eaux de pluie, nouvelles fenêtres, peintures pour restaurer les décors d'époque… et quelques allées piétonnières. Reste l'invasion de la voiture, souvent deux par famille, qui a nécessité de nombreuses places de parking. Les jardins de l'arrière, initialement prévus pour des potagers, servent désormais à divers usages : extensions, cabanons, jeux pour enfants, verger et potagers… et malheureusement aussi de parking. Nombre d'habitant·es d'aujourd'hui sont encore d'origine polonaise. ■

186

FAUBOURG-JARDIN DU STOCKFELD. CIRCULATION PIÉTONNE AU MILIEU DES POTAGERS

BAS-RHIN

Strasbourg

1910

565 logements

En 1910, alors que l'Alsace est allemande, la ville de Strasbourg veut moderniser son centre. Les percées pour de grands boulevards vont détruire cent vingt-six maisons, soit neuf cent quatorze logements où habitaient trois mille quatre cent soixante personnes. Il est décidé de les reloger de l'autre côté de Neuhof, un quartier pauvre au sud-est de la ville.

Pour cela, la commune se lance dans la construction d'une cité-jardin dénommée Stockfeld (le champ gagné sur la forêt). Quatre cent cinquante sept logements sont prévus sur un terrain d'une vingtaine d'hectares, deux cent vingt sont achevés avant la première guerre mondiale, les autres après. Il y a six modèles de maisons différents (maisons en bande, maisons seules, petits immeubles). Les habitations vont de 38 (deux pièces) à 55 mètres carrés (quatre pièces). Contrairement aux maisons du centre démolies, il y a maintenant des toilettes et une salle d'eau dans chaque appartement. Environ mille cinq cents personnes y habitent. Les deux tiers sont des familles délogées du centre-ville, les autres sont des familles aux revenus modestes attirées par la qualité du logement et son loyer raisonnable. La majorité travaille dans le port tout proche. Tout le monde dispose de potagers placés au cœur des îlots.

Stockfeld va rester une cité ouvrière jusqu'à la deuxième guerre mondiale, mais le quartier souffre de son éloignement du centre-ville. Seul un tramway permet de le rejoindre. Le plan initial a été modifié : plus de maisons ont été construites, au détriment d'une place centrale où devaient être situés les commerces. Ceux-ci se sont installés de manière dispersée autour de la cité. En 1936, une nouvelle cité-jardin de deux cent cinquante logements, la cité Ribot, est construite à côté… pour reloger d'autres personnes expulsées du centre-ville. L'ensemble de ces constructions sont la propriété d'un bailleur social, la coopérative Socolopo.

Après-guerre, Stockfeld se dégrade et la coopérative connaît des difficultés financières. En 1961, elle fait bâtir cent huit nouveaux logements collectifs dans des immeubles de deux ou trois étages, qui diminuent la surface de quatre-vingt-quatre jardins potagers. Cela provoque en réaction la création d'une association des locataires qui formule des propositions de réhabilitation et lutte contre toute densification. Association, coopérative et municipalité se retrouvent dans une dynamique qui conduit en 1997 au classement du faubourg-jardin au titre des monuments historiques. À partir de juin 2000, le conseil général et la ville lancent un plan de réhabilitation pour remettre l'habitat aux normes, mais en conservant les éléments architecturaux d'origine : fenêtres en bois à petits carreaux, crépi à l'ancienne, tuiles plates alsaciennes, restauration de la décoration, des cheminées, des tonnelles. Aujourd'hui, les chemins des potagers permettent toujours de se déplacer à pied en dehors des rues. ■

Les maisons et petits immeubles du Faubourg-Jardin du Stockfeld sont en bord de terrain, encadrant de nombreuses parcelles de verdure aux usages diversifiés et à l'abri de la circulation automobile.

LA RECONSTRUCTION D'APRÈS-GUERRE

3

Un des escaliers extérieurs de La Cité radieuse à Rezé, immeuble coopératif construit par le célèbre architecte Le Corbusier en 1955.

À partir de 1928, la loi Loucheur portant sur les « cottages sociaux » rend possible l'autoconstruction, partielle ou complète, des logements sociaux. En 1940, un millier de maisons sur vingt-deux sites ont ainsi été bâties. Mais le mouvement va prendre de l'ampleur à partir de 1945.

À la fin de la guerre, des villes ont été entièrement détruites par les bombardements et il y a une pénurie de logements. De nombreux groupes se forment pour autoconstruire des logements. Des sociétés coopératives d'autoconstruction à personnel et capital variables voient le jour ; après construction, elles se maintiennent en coopératives ou se transforment en copropriétés classiques.

C'est dans ce contexte que naissent, en 1945, Les Castors, principalement en Bretagne et en Isère. Ce réseau introduit une nouvelle notion : le principe de l'apport-travail. Les heures effectuées sur les chantiers sont comptabilisées en équivalent d'heures salariées et déduites ensuite du prix de l'achat de sa maison ou de son appartement. Cela permet à des personnes aux revenus modestes d'accéder à la propriété. Le premier chantier sous cette forme démarre à Pessac, près de Bordeaux, en 1948. Les Castors vont être à l'origine de nombreuses coopératives d'autoconstruction pour des lotissements allant de sept à cent logements. Ce réseau est toujours actif aujourd'hui.

FINISTÈRE
Quimper
1954
100 maisons

LA CITÉ DES ABEILLES. «CENT FAMILLES ET UN SEUL CŒUR»

Après la guerre, en 1945, de nombreuses familles de Brest, ville détruite par les bombardements, viennent se reloger à Quimper dont la population passe de 30 000 avant-guerre à 40 345 en 1946. Le manque de logements est criant.

Après avoir été à Pessac voir un premier projet d'autoconstruction, François Boé, Louis Helaouët et Henri Cariou, trois Quimpérois militants à la Jeunesse ouvrière chrétienne, lancent l'idée de créer leur propre lotissement. Le 30 novembre 1950 naît l'association Les Abeilles, dont l'objet est de «porter un témoignage de solidarité et de fraternité humaine», et de faire «la promotion ouvrière». Louis Helaouët en est le président et François Boé le premier secrétaire.
Si le prix d'une maison individuelle est trop élevé pour une famille ouvrière, le premier texte de présentation du projet annonce «en se mettant en groupe et en construisant au maximum soi-même, on peut y arriver». Après quelques réunions qui rencontrent un grand succès, ce sont cent familles qui adhèrent dès janvier 1951. Un slogan est adopté : «Cent familles et un seul cœur». Elles sont essentiellement composées d'ouvrier·es et/ou d'employé·es de bureau.

Un chantier collectif sur les temps libres

Pages 47, 48 et 49 : Les villas de la Cité des Abeilles disposent toutes de jardins qui regorgent de massifs floraux et d'objets les plus divers.

Chaque homme passait 32 heures par mois et la moitié de ses congés sur le chantier (la semaine de travail était de 48 heures à 54 heures). Les femmes «au foyer», appelées «Castorettes», assuraient l'intendance : repas, mais également aide à la gestion, surveillance des enfants... Si elles ne participaient que rarement aux travaux, elles ont eu un rôle important dans la cohésion du groupe. Louis Hélaouët écrit dans leur revue, *L'Essor*, en décembre 1951 : «Qu'il soit fait ici une place pour remercier les femmes. Elles ont la partie obscure du travail. On ne les voit ni à la pelle, ni à la pioche, mais nous leur devons notre reconnaissance. Elles prennent un surcroît de fatigue pour que le mari puisse aller l'esprit tranquille au chantier et aux réunions.»
Les communes de Penhars et de Quimper ont négocié le prix des terrains. La caisse d'allocations familiales a accordé une aide financière pour cet achat. Chaque famille doit amener un apport de 40 000 francs. Pour celles qui n'arrivent pas à trouver cette somme, une caisse de solidarité est mise en place. L'achat de 7 hectares de terres agricoles au lieu-dit Terre noire coûte 66 500 francs. Le reste de l'argent doit servir à acheter les matériaux nécessaires à la construction. Le terrain surplombe une forêt, le Bois d'amour, qui a subsisté en grande partie jusqu'à aujourd'hui.

40

Les maisons sont conçues par l'architecte Xavier Arsène-Henry, en pierre, avec seulement quatre modèles. Ce qui a comme avantage de permettre des achats en gros pour le matériel et également de simplifier les conditions du chantier puisque l'on refait sans cesse les mêmes maisons. Le chantier se déroule de 1951 à 1954.

Un prêt de l'État

Du fait de lois votées après la première guerre mondiale, il existe un crédit accordé par l'État pour la construction de logements sociaux. Mais, pour en bénéficier, il faut être déjà propriétaire d'un terrain constructible. C'est donc l'association qui achète le terrain qui est collectif, puis chaque famille paiera un loyer pendant des années (2000 francs par mois) pour rembourser les avances de l'État, avant de devenir définitivement propriétaire.
Le dossier reste bloqué au ministère pendant des mois car les maisons sont estimées comme trop grandes pour être considérées comme du logement social et le choix de la pierre trop coûteux. Alors que l'État veut de la brique, les Abeilles résolvent le problème du prix du matériau : l'association achète deux carrières et les sociétaires taillent eux-mêmes les pierres. Un travail éreintant qui se fait avec des outils manuels exclusivement. Certains travaillent aux ponts et chaussées, d'autres sont dans l'électricité, le gaz... Autant de compétences disponibles, mais aussi de possibilités de prêt de matériels, comme celui de camions pour transporter les pierres. Sur le chantier, ils bénéficient de l'aide de jeunes volontaires, notamment par le réseau Service civil international, mais aussi de séminaristes, de lycéen·es...

Pages 51, 52, 53 : Les éléments architecturaux (ferronneries, murets...) restent cohérents d'une maison à l'autre. Les maisons se différencient par les plantes et par les objets de décoration.

Un chantier efficace

Les travaux de débroussaillage et de nivellement commencent en février 1951. Puis les tranchées sont creusées pour les fondations des maisons. Cela se fait à la pioche, à la brouette : pas de pelleteuses à cette époque. Fin 1951, tout le terrain est nivelé, les voies principales tracées, l'empierrement presque terminé. Plus de mille mètres cubes de pierres taillées ont été extraites et apportées sur place. Une réserve d'eau est disponible ainsi qu'une ligne électrique. En plus des heures de travail, il y a des tours de garde la nuit sur le chantier pour éviter les vols de matériel.
Le 30 mars 1952, c'est la pose de la première pierre. Le préfet est là, l'évêque de Quimper aussi. Ce dernier soutient le projet, ne trouvant rien à redire au non-respect du repos dominical. L'architecte a recensé le nombre de maisons de deux, trois ou quatre chambres demandées pour réaliser un plan de masse, qui indique la localisation de chaque logement. L'attribution des habitations n'aura lieu qu'après la construction. Lorsque deux familles veulent la même maison, un tirage au sort est réalisé.
Fin 1953, le gros œuvre est terminé. Début 1954, les aménagements intérieurs sont réalisés, tout comme l'arrivée d'eau et de l'électricité. Chaque maison comporte une salle de bains, ce qui est encore loin d'être la norme. C'est l'époque des premières machines à laver le linge. Initialement, la Caisse d'allocation familiale en a fourni une qui était déplacée de maison en maison pour que chacune bénéficie de son usage.

Rue
des BUTINEUSES

15

10
12

Lors de l'inauguration, le 18 juillet 1954, François Boé avance vers l'avenir : «Nos tempéraments, nos idées, nos façons de vivre peut-être, ne sont pas les mêmes et, néanmoins, nous devons cohabiter. Dans la vie de la cité, nous aurons à continuer l'œuvre de solidarité et de fraternité humaine que nous avons si bien entreprise ensemble.»
Le plan initial prévoit la construction d'une église et d'une école. Finalement, l'école Yves-Le-Manchec (maternelle et élémentaire), qui compte aujourd'hui deux cents élèves, n'a ouvert ses portes qu'en 1958, financée par des kermesses qui se sont tenues le 1er mai jusqu'en 1971, et l'église a été construite en 1964, en dehors du lotissement. Enfin, le centre des Abeilles a vu le jour en 1965 pour l'animation du quartier.

Les Abeilles aujourd'hui

Marie-France Huet avait 12 ans à la fin du chantier. Elle réside toujours dans la maison de ses parents. Fin 2022, «dix-huit maisons sont encore habitées par les enfants ou les petits-enfants.» Les autres se sont vendues classiquement, sans trop d'embourgeoisement : «À l'origine, les ouvriers et les employés avaient entre 25 et 27 ans; aujourd'hui, les personnes qui achètent sont plus âgées, 30 à 35 ans, et ont des métiers différents. Le quartier est très recherché car la liaison avec le centre-ville est facile. Une maison se vend en une semaine.»
Marion Boé est l'autrice d'un documentaire et scénariste d'une BD sur le lieu : «La cité des Abeilles, c'est le quartier où, petite, j'allais rendre visite à mes grands-parents. Un quartier né du travail de cent jeunes couples. [...] Le principe de "l'apport travail" a permis de réduire de 30 % le coût de la maison en travaillant sur le chantier [...]. Ces petits employés et ouvriers, ces militants communistes et catholiques pratiquants vont travailler ensemble. Ils vont réussir à franchir les obstacles administratifs, financiers, culturels, pour que leur utopie surgisse de terre.»
D'autres logements sociaux vont voir le jour dans les décennies suivantes autour de la cité des Abeilles. Aujourd'hui, le quartier des Terres noires comprend trois cent cinquante logements sociaux et sa population totale est de l'ordre de trois mille trois cents personnes.
Certain·es se souviennent encore de ce qui se chantait sur le chantier : «Alors qu'il pleut, qu'il vente, il y a toujours du soleil à la cité des Abeilles.» ■

L'HABITAT COMMUNAUTAIRE. LA CITÉ AUX DEUX CENTS ENFANTS

HAUTS-DE-SEINE

Boulogne-Billancourt

1955

100 logements

En 1948, quinze jeunes couples du mouvement chrétien Vie nouvelle créent l'association L'Habitat communautaire. Prenant de l'ampleur, le projet se concrétise sous la forme d'un immeuble en U, avec un parc au milieu, comptant cent logements, sur une parcelle de près d'un hectare.

La construction commence en 1953, les premiers emménagements en 1955. Le bâtiment abrite alors quatre cents personnes, dont la moitié d'enfants.

Le jardin d'enfants, la laverie et le parc disposent chacun d'un·e salarié·e. Il y a une bibliothèque pour enfants, un atelier en commun, avec des outils collectifs. Aujourd'hui, l'association L'Habitat communautaire gère toujours ces équipements.

Lorsque le gouvernement décide de supprimer cette forme d'habitat coopératif en 1971, les familles sociétaires sont invitées à racheter leur appartement. Du prix de vente sont déduits les loyers déjà versés et les parts souscrites au départ. Cela a permis à la plupart de se retrouver propriétaires à un coût faible.

Désormais, il y a moins d'enfants, mais les gens se connaissent tous et s'entraident. Le maire de la commune, Pierre-Christophe Baguet, a vécu toute son enfance dans cet immeuble. ■

L'habitat communautaire a fait le choix d'un immeuble de grande hauteur afin de préserver le plus grand espace vert possible.

LE MOUVEMENT DE L'HABITAT GROUPÉ AUTOGÉRÉ DES ANNÉES 1970

4

A Roquebrune, dans l'Aveyron, 19 maisons individuelles sont gérées dans un lotissement collectif en bord de falaise. Le revêtement en ardoises leur permet de se fondre dans le paysage.

Après mai 1968, l'ambiance est à l'autogestion et de nombreuses tentatives communautaires voient le jour. Certains groupes préfèrent un compromis entre espaces privés et espaces collectifs : c'est ainsi que le Mouvement de l'habitat groupé autogéré voit le jour à Nantes en novembre 1977. Une charte est adoptée en 1978.

Celle-ci précise que les groupes doivent avoir une taille limitée (moins de dix logements) pour garantir une «connaissance mutuelle véritable et des prises de décisions collectives». Si l'on veut passer à une taille supérieure, cela peut se faire en fédérant plusieurs groupes. «Une partie du budget de construction est affectée à des locaux et installations communes» (entre 10 % et 20 % de la surface construite). Ces espaces collectifs doivent être ouverts sur le voisinage pour participer à la vie sociale du quartier. Il s'agit de privilégier des «buts» communs plutôt que des «goûts» communs pour «rompre le système de ségrégation sociale». Le groupe fonctionne en autogestion : «Ce mot est utilisé pour désigner la recherche d'une véritable égalité de pouvoir qui respecte les différences.» Chaque famille reste maîtresse de ce qui se passe dans son espace privé, mais, par ailleurs, les décisions se prennent collectivement et les «responsabilités tournent régulièrement».

Une vingtaine de réalisations naîtront de ce réseau entre 1975 et 1990. Si les questions sociales sont centrales, l'écologie commence tout juste à être prise en compte.

PARIS
10e arr.
1983
14 logements

LE LAVOIR. UN LIEU COLLECTIF LARGEMENT OUVERT SUR SON QUARTIER

Premier habitat groupé autogéré dans la capitale, le Lavoir a su maintenir du collectif après plus de quarante ans de vie commune. La plupart des personnes sont impliquées dans le milieu associatif.

Une rue de Belleville comme les autres et, pourtant, derrière la rangée d'immeubles haussmanniens se cache au 8 de la rue du Buisson-Saint-Louis une initiative des plus originales. En 1975, deux couples font part de leur envie de « vivre autrement » dans un quartier populaire de Paris. Une dizaine d'autres ménages (familles et célibataires) les rejoignent. Le lieu est trouvé en 1978 : un ancien lavoir du XIXe siècle avec une structure en bois sur plusieurs étages. C'est sous la forme de société civile particulière que le collectif procède à son achat en 1980. Ce statut permet de mettre en commun épargne, emprunts individuels, plans épargne logement…
L'architecte choisi pour aménager la structure est Bernard Kohn, aidé de Dominique Tessier, qui s'occupe du suivi du chantier. Bernard Kohn, qui a travaillé aux États-Unis et en Inde, est très motivé par la démarche participative. Il a déjà réalisé l'école alternative Decroly à Saint-Mandé (à l'est de Paris).

Des logements tournés vers les parties communes

Ci-contre : À Belleville, au nord de Paris, bien qu'au centre d'un îlot, le Lavoir dispose d'un bon ensoleillement et d'une belle végétation.

Page 62 : Dans un des lieux conviviaux, à gauche, Michel et Philipe ; à droite Sylvie.

Page 63 : La structure bois a été conservée et le remplissage a été fait en briques.

Une centaine de réunions vont avoir lieu pendant deux ans. Le groupe passe à quatorze familles et discute de tout : passages, patio, matériaux, aspect des façades, revêtement du sol, menuiseries… puis répartition de l'espace et des coûts.
Les travaux débutent en octobre 1981 et s'achèvent en juin 1983. Philippe Mollon-Deschamps ,qui nous présente les lieux, précise : « Une partie des finitions ont été faites par le groupe lors de "samedis socialistes" : nettoyage des murs du voisinage, plantation d'arbres… Ces journées collectives existent toujours aujourd'hui pour l'entretien des parties communes. »
La création d'une rue intérieure permettant le passage entre la rue du Buisson-Saint-Louis et la rue du Faubourg-du-Temple a été envisagée un temps, mais les négociations avec la propriété voisine n'ont pas abouti. Le collectif a cependant conservé l'idée d'une rue intérieure, lieu de croisement entre toutes les personnes. Le long de cette voie, des espaces, couverts ou non, accueillent des tables et des chaises où les habitant·es peuvent se réunir ou manger ensemble. « Après quelques années, le statut collectif a changé pour passer en copropriété classique, mais avec maintien de nombreuses parties communes. »

Les appartements disposent de larges baies vitrées.

Vue depuis l'escalier, dans l'axe de la rue centrale.

Tous les appartements ont de larges baies vitrées permettant un bon ensoleillement... au détriment des questions d'énergie qui n'ont pas été prises en compte à l'époque. La structure bois a été conservée. Des dalles en béton supportent le remplissage des murs en briques, les cloisons intérieures ont été disposées selon les désirs de chaque famille. À l'arrivée, il y a 1380 mètres carrés de surface habitable sur une parcelle de 1650 mètres carrés. On y trouve deux triplex, dix duplex, deux appartements de plain-pied, un cabinet médical, une salle commune. Certains grands logements ont deux portes d'entrée pour une éventuelle subdivision ultérieure. Toutes les portes donnent sur le passage central.
Outre les appartements répartis dans deux bâtiments, il y a trois espaces collectifs extérieurs (cours arborées), des terrasses, une laverie, et une salle commune polyvalente. Cette dernière «a servi de garderie pour les enfants les plus petits au début, puis de salle de gymnastique, de salle des fêtes pour le groupe mais aussi pour les voisins, de salle d'expositions... Elle comprend une cuisine qui permet de préparer les repas collectifs, une laverie, elle est équipée pour des projections de films.»
L'immeuble fonctionne sans gardien et la gestion des espaces communs se fait toujours collectivement (nettoyage des parties communes, sortie des poubelles, plantations et entretiens des espaces verts...). Certains appartements ont été loués. Les locataires participent aux espaces collectifs comme les autres. «Il y a une entraide importante notamment en cas de maladie, de travaux.»

Les tensions relationnelles

Comme tout groupe humain, celui-ci a connu quelques conflits. Il y a eu des difficultés au départ pour la répartition des lieux d'habitation. Le fonctionnement de la laverie a aussi été source de désaccord : certains pliaient le linge des autres ou ne le rangeaient pas correctement. En conséquence, «deux familles ont choisi d'avoir leur propre lave-linge».
Un groupement d'achat permet de se faire livrer des produits alimentaires par un magasin proche. Une famille n'y participe pas, préférant acheter bio.
Le plus gros conflit a opposé, à la fin des années 1980, deux familles concernant l'isolation d'une terrasse située entre les deux appartements. «Cela a entraîné le recours à un syndic professionnel qui a rappelé la loi.»
D'autres débats ont été difficiles pour distinguer les parties communes des parties privatives. Ainsi en est-il des verrières présentes sur quatre appartements. En 1999, l'une d'entre elles a été brisée et finalement c'est l'ensemble des copropriétaires qui a payé pour son remplacement.
En quarante ans, seuls deux logements ont changé de propriétaires. «La clause de préférence initialement prévue n'a pas fonctionné, les appartements se sont vendus classiquement en agence immobilière.» Deux autres habitations ont été divisées en deux et mises en location. Au total, il y a six locataires... qui font baisser la moyenne d'âge. Elles et ils partent le plus souvent lorsque des enfants naissent.

Page 66 : En haut, la structure bois d'origine reste bien visible. En bas, bien que n'habitant plus sur place, l'un des enfants du collectif utilise la salle commune pour un entraînement de danse.

Page 67 : Le bâtiment principal s'articule autour de parties communes et arborées.

Quelques rencontres

Philippe est arrivé alors que les plans étaient déjà dessinés. Avant, il vivait dans une communauté de quatre couples. Il exerce sur place une activité de graphiste et de photographe, et assure la communication du Mouvement de l'habitat groupé autogéré. Philippe participe aussi à un jardin partagé et aide les associations pour la réalisation de documents papier ou de sites internet.

Alors que nous sommes en train de discuter autour d'une table de la cour, plusieurs personnes nous rejoignent pour participer aux échanges.

Michel, ancien enseignant en urbanisme à Sciences Po, est engagé dans des actions culturelles en particulier dans le domaine de la sculpture. Jean-Pascal, actif au sein du mouvement chrétien Vie nouvelle, est très investi dans l'accueil des migrants : il a hébergé des Afghans pendant douze ans. Françoise est actuellement présidente du conseil syndical et, à ce titre, explique aux nouveaux arrivants les contraintes collectives. Stéphane s'implique dans l'animation de la salle commune et a été à l'origine de soirées théâtre et d'expositions ouvertes au public. « Pratiquement tout le monde est actif dans le milieu associatif, et ceci d'autant plus que beaucoup sont aujourd'hui à la retraite ».

Sylvie, qui nous rejoint à son tour, coupe la parole aux hommes présents : « Dans le groupe, il n'y a pas de leaders, mais par contre des grandes gueules. Les mecs sont machos : au début, ils le revendiquaient, maintenant, ils sont toujours machos, mais ils ne le revendiquent plus. » Sylvie est écrivaine publique et active dans une association d'aide aux aveugles.

Il y a une certaine homogénéité dans le groupe : beaucoup d'intellectuel·les ayant un lien avec les arts. Les situations professionnelles les classent dans les revenus aisés (cadres supérieur·es, psychiatre, journalistes, universitaires). Toutes les femmes ont un emploi à l'exception de deux. De fait, ils et elles ont involontairement participé à la gentrification du quartier.

Après quarante ans, sept des couples initiaux ont tenu. Après divorce, dans trois cas, c'est la femme qui est restée, une fois l'homme... Il y a eu jusqu'à vingt-deux enfants. Elles et ils sont adultes aujourd'hui et ne vivent plus sur place. Mais la plupart reviennent régulièrement pour utiliser la salle commune, à l'occasion des repas collectifs, des fêtes... Pour se retrouver également, comme une grande fratrie. « Les relations entre enfants restent fortes, notamment parce qu'ils ont joué ensemble, mais aussi parce que les plus grands ont gardé les plus jeunes. »

Le lieu est très chaleureux, très gai et très impliqué dans le milieu associatif. Après quarante ans de vie commune, l'envie de vivre ensemble est toujours présente. ■

Les murs aveugles ont été peints de couleurs vives renforçant la sensation d'ensoleillement.

HAUTS-DE-SEINE
Vanves
1982

10 logements

La Fonderie se caractérise par une multiplication d'escaliers extérieurs et intérieurs. Cela renforce le côté esthétique, mais, avec le temps, s'avère un handicap pour des personnes prenant de l'âge.

LA FONDERIE. DES CADRES QUI SORTENT DU CADRE

De l'autre côté du périphérique parisien se trouve la Fonderie, un autre exemple de la dynamique du Mouvement de l'habitat groupé autogéré.

« Aux origines de la Fonderie, il y a deux voyages entre ami·es venant du même lycée », nous explique Daniel Jaunas qui nous a reçus. Pour Suzanne Auger, également présente, il s'agit de « vivre des relations simples, solidaires, avec les voisins, trouver une meilleure organisation dans la vie de famille, ouvrir la cellule familiale afin que les enfants y trouvent leur groupe d'âge et acquièrent plus d'autonomie ».

Le groupe initial comprenait quatre couples avec enfants. Ils assistent alors à des rencontres de collectifs porteurs de projets : « L'existence du Mouvement de l'habitat groupé autogéré nous a bien aidés et nous a permis de débroussailler les problèmes. »

Daniel a fait un détour par les coopératives de Longo Maï (voir chapitre 7) et a vécu en communauté pendant un an. Pour lui « L'habitat groupé est né d'une réaction. Les expériences communautaires, c'est bien, mais c'est trop. »

En 1982, à Vanves, à l'arrière d'un immeuble existant, une ancienne fonderie est en vente. L'emplacement longe un cimetière, ce qui offre un ensoleillement idéal. La gare et le métro sont à quelques centaines de mètres, Paris reste à quelques minutes.

Terrain et usine sont achetés en 1983 : « Chacun a fait un apport personnel puis un emprunt individuel. Tous les prêts ont été négociés avec la même banque. » Tous sont cadres et bénéficient d'un travail bien rémunéré dans la capitale. De ce fait, il n'y a pas eu de problèmes pour obtenir des crédits... ni pour rembourser.

Le groupe était homogène sur le plan socioprofessionnel, mais aussi au niveau des âges : « Onze ans séparent le plus jeune du plus âgé des adultes, presque tous les enfants étaient déjà nés. »

Des envies à partager

L'idée de restaurer l'usine a été vite abandonnée. Après avoir déterminé les envies de chacun (habiter en haut, en bas, surface, nombre de chambres, balcons...) et les contraintes du lieu, la réalisation des plans du futur immeuble a été confiée à un architecte. Sa femme, sociologue, a interrogé chaque famille. La restitution de cette enquête a fait l'objet de réunions collectives. Cette démarche a sans doute permis d'anticiper nombre de conflits potentiels.

L'immeuble de 1000 mètres carrés habitables, sur une parcelle de 1200, comporte neuf appartements privés (tous en duplex ou triplex sauf un) et un dixième qui sert de salle commune et qui dispose de deux chambres d'ami·es.

Au rez-de-chaussée, il y a plusieurs pièces collectives : un atelier de bricolage, un laboratoire de photo, une salle de jeux pour les enfants, des caves avec un cellier collectif pour le vin, et des stalles fermées seulement à mi-hauteur. L'idée d'une buanderie collective n'a pas été retenue, chaque famille avait déjà son lave-linge.

Comment vivent les parties communes

L'emménagement se fait entre janvier et juin 1987. Il y a alors trente personnes, moitié d'adultes, moitié d'enfants.
L'atelier de bricolage a énormément servi au début car une partie du second œuvre a été réalisée par les habitant·es. Ensuite, il a eu des fonctions plus fluctuantes : sculpture, montage de films, fabrication de décors de théâtre, garde-meuble...
L'appartement commun permet d'inviter des ami·es en contribuant financièrement aux frais de fonctionnement et d'entretien. Il est habité environ la moitié du temps. Parfois, il a été prêté pour des occupations de longue durée...
La grande salle commune est prêtée à des associations extérieures (avec participation aux frais) : elle a servi de lieu de tournage pour deux courts métrages, de salle de répétition pour du théâtre et de la danse...
Hormis deux petites terrasses privatives, l'ensemble du jardin de 200 mètres carrés est collectif. C'est un lieu idéal pour des repas en commun, des fêtes...
La salle des enfants a été gérée au début par les parents. Puis, quand les enfants ont atteint l'adolescence, par eux-mêmes. Il a fallu toutefois mettre des limites : les parents ont obligé la pièce à être «non-fumeur». Aujourd'hui, il ne reste plus d'enfant dans l'immeuble.

Ci-contre : Les façades côté jardin sont en bardage bois dont la couleur change avec l'éclairage et avec la pluie. Ce bardage masque une isolation par l'extérieur innovante pour l'époque.

Page 74-75 : Coursives et escaliers permettent de multiplier les points de vue.

Un bâtiment aux performances énergétiques datées

Si l'immeuble est une réussite sociale, son bilan écologique est plus modeste, pour la simple raison que, dans les années 1980, on ne se posait pas les mêmes questions qu'aujourd'hui. Il y avait pourtant de la ressource dans le groupe puisque Suzanne Auger et Marc Vergnet travaillaient à l'AFME (aujourd'hui Ademe, Agence de l'environnement et de la maîtrise de l'énergie). Ces deux-là ont opté pour le chauffage au gaz, les autres pour le chauffage électrique. Ce dernier s'est avéré fragile et s'est détérioré avec le temps.
L'idée d'une structure bois a été abandonnée : c'était trop expérimental sur un immeuble de cette hauteur. C'est donc du béton classique avec isolation par l'extérieur et bardage bois. Un niveau d'isolation innovant... pour l'époque. Avec le temps, des rouleaux de laine de roche mis sur la façade ouest se sont dégrafés et aujourd'hui, dans certaines pièces, le haut des murs est très froid en hiver, très chaud en été.

En haut : Vue sur les ateliers et usines de Vanves.

En bas : Deux des appartements en rez-de-chaussée sont enclavés dans le cimetière voisin. Les ouvertures se font sur un patio commun.

En haut : Vue de l'appartement de Marc Lipinski et Claire Martin-Gousset.

En bas : Marc Lipinski, ancien vice-président Vert à la région et Claire Martin-Gousset, animatrice régionale des Amap.

Ouverture sur la ville

La salle de réunion de la Fonderie a souvent accueilli des réunions d'associations et de partis politiques locaux (gauche citoyenne, Verts ou Modem). Claire Martin-Gousset et Reine Wekstein-Roman, photographes, ont créé en 1993 le collectif d'artistes Les femmes s'exposent, qui organise des événements artistiques à Vanves.
La Fonderie a été le début d'une aventure politique pour Marc Lipinski, un temps conseiller régional Europe Écologie Les Verts, ancien vice-président d'Île-de-France. Sa femme, Claire Martin-Gousset, est impliquée dans la coordination régionale des Amap (association pour le maintien de l'agriculture paysanne) et à Terre de Liens.

Le temps qui passe…

Reine Wekstein-Roman et Claire Martin-Gousset, animatrices du collectif d'artistes Les femmes s'exposent.

«Globalement, toutes ces années se sont étonnamment bien passées». Il n'y a pas eu de conflit sur l'argent. Il y a eu deux divorces, mais à chaque fois un·e des deux divorcé·es a refait sa vie sur place. Il y a eu des querelles de personnes, mais sans que cela bloque le fonctionnement collectif. Il y a eu des absences de longue durée : Suzanne a vécu cinq ans à l'étranger, un autre couple pendant un an. Les enfants sont parti·es, mais restent attaché·es au lieu : ce sont elles et eux qui, en 2008, ont organisé la fête des vingt-cinq ans en invitant tout le monde dans un gîte de la Somme.
En 2012, pour la première fois, une famille a déménagé et vendu l'un des appartements. L'abondance d'escaliers est devenue un handicap. Une deuxième famille est partie en 2019, pour la même raison.
La structure de société civile coopérative de construction, qui, initialement, a permis de construire ensemble, a été conservée. Cette structure est intermédiaire entre la SCI, société civile immobilière, et la coopérative. Concrètement, pour les décisions de fonctionnement des parties collectives, une personne égale une voix, alors que pour les charges de l'immeuble, le partage se fait en fonction de la surface occupée (les millièmes habituels).
Depuis l'origine, il n'y a jamais eu besoin de recourir au vote : tout s'est fait au consensus : «Cela allonge le délai nécessaire pour se mettre d'accord et crée parfois des difficultés pour prévoir des avances sur travaux.»

Un bilan de la vie collective?

Daniel Jaunas et Suzanne Auger s'étonnent presque qu'il n'y ait pas eu plus de problèmes : «On se connaît par cœur!» Globalement, le projet a été bien préparé (pendant presque sept ans) et, si c'était à refaire, il n'y aurait pas grand-chose à changer : l'atelier commun aurait pu mieux fonctionner, les appartements comporter moins d'escaliers…
Pour la plupart, la diversité politique observée aujourd'hui fait partie des richesses et des réussites. «Que voudrait dire qu'en un lieu élaboré pour un mieux-vivre collectif et individuel, la différence et les différends ne soient pas acceptés? Le conflit fait aussi partie de la vie.» ■

RESISTANCES

AVEYRON
Gages
1970
19 logements

ROQUEBRUNE. LE VILLAGE QUI SE FOND DANS LA FALAISE

En 1970, douze familles lancent un projet de lotissement collectif. Un terrain de 5,76 hectares est acheté. Il comporte un terre-plein constructible au-dessus d'une falaise et de la garrigue, classées en espace naturel sensible. Les maisons individuelles seront resserrées, certaines mitoyennes et « basse consommation ». De nouvelles candidatures affluent et le nombre de maisons grimpe à dix-neuf.
Trois architectes conçoivent des maisons intégrées au paysage, en bord de falaise, assez basses, couvertes d'ardoises pour être discrètes au milieu des rochers, toutes ouvertes sur le paysage, plein sud. En juin 1975, les premières familles s'installent. Chacune dispose de 750 mètres carrés d'espace privatif, sans clôture. Il reste 4,5 hectares collectifs : prairie et garrigue, voirie, électricité, téléphone, eaux pluviales, eaux usées, massifs de fleurs et haies sont partagées. Avec le temps, les arbres et les genévriers masquent le tout et, depuis la vallée, plus rien n'indique la présence de maisons.
Aujourd'hui, plus de la moitié des maisons ont changé de propriétaire. Les nouveaux arrivants ont été cooptés. ■

Chaque maison de Roquebrune dispose d'un jardin privé et a accès à de vastes espaces collectifs.

YAPLUKA. ENTRE ARCHITECTES ET AUTOCONSTRUCTION

VAL-D'OISE
Cergy-Pontoise
1981
9 logements

En 1977, de jeunes architectes militant·es ont mis en place à Cergy-Pontoise, ville-nouvelle, des ateliers communautaires. Deux projets collectifs y voient le jour dont celui de Yapluka. Beaucoup de personnes viennent aux préparatifs mais, au premier seuil financier, le groupe se réduit à seulement neuf familles. Chaque famille est accompagnée par un·e des architectes. Le terrain, acheté par une association, est transformé en copropriété avec neuf lots, réservant des parties communes : parking à l'entrée, maison commune pour ranger du matériel et tenir des réunions, fontaine, potager commun, petit verger, ainsi que des voies de circulation piétonnes. Des maisons sont mitoyennes, d'autres partagent une buanderie. Quatre installent un chauffage solaire.
Les familles aménagent en 1981 après le gros œuvre. « Créer sa maison est passionnant, mais l'autoconstruire en partie est difficile, nous dit Philippe Debuigne. C'était une sorte de défi de voir ce que l'on pouvait faire soi-même. » Il faut choisir un niveau acceptable de travaux : pour en avoir prévu trop, certains couples ont explosé.
Seules trois des familles d'origine sont encore présentes. ■

La copropriété Yapluka, à Cergy-Pontoise, dispose de 9 maisons construites par 9 étudiant·es en architecture. Celle-ci, où se déclinent des formes triangulaires, a été conçue par Jean Nouvel.

L'HABITAT GROUPÉ ÉCOLOGIQUE EN EUROPE

5

Nous présentons dans ce chapitre quelques cas d'habitats groupés dans d'autres pays européens. Que ce soit des écoquartiers, des îlots urbains ou des écovillages, ces exemples peuvent nous donner des pistes de réflexion, notamment sur le plan écologique.

Les différences, d'un pays à l'autre, sont souvent importantes et riches d'enseignement. Le plus frappant est sans doute l'exemple suisse où il n'est pas nécessaire d'acheter le terrain, ce qui, en milieu urbain, divise au moins par deux le coût d'un projet. Il y a aussi un engagement des banques totalement différent. Alors qu'en France il n'y a pratiquement plus de projets de coopératives qui dépassent la vingtaine de logements, en Suisse ou en Allemagne, certains comptent des centaines de familles. Bien entendu, leur taille modifie la manière dont ils sont abordés. Dans tous ces pays, les habitats groupés sont plus fréquents qu'en France. Ils représentent même 30 % du logement social à Zurich !

Ces exemples montrent l'énorme potentiel de développement de ce type d'habitats dans l'hexagone, que ce soit au niveau relationnel, pour apprendre à faire vivre en harmonie des groupes importants, ou au niveau législatif, pour bénéficier de conditions administratives et financières plus avenantes.

A Zurich, les bâtiments neufs de Kraftwerk sont reliés en étages par des passerelles récupérées sur des parc expositions. Elles sont partiellement utilisées comme terrasses.

SUISSE
Genève
1984
Environ 600 personnes

L'ÎLOT 13. DE LA RÉSISTANCE À LA RECONNAISSANCE

L'Îlot 13, ce sont une vingtaine d'immeubles situés derrière la gare de Genève. Menacés de démolition à partir de 1984, squattés, ils font aujourd'hui l'objet d'une convention avec la ville.

Alors que huit de leurs immeubles doivent être démolis en 1984 pour laisser place à un vaste projet immobilier, les habitant·es se réunissent et proposent un contre-projet prévoyant la rénovation de l'existant et la création de logements neufs. À partir de mai 1985, les locataires qui partent ne sont plus remplacé·es et les immeubles se vident peu à peu. Des recours juridiques sont engagés pour protéger le 15 de la rue des Gares et le 24 de la rue de Montbrillant, deux édifices de belle architecture classique.

Du squat à la reconnaissance

Au sein de l'Îlot 13, à Genève, les ateliers d'ethnomusicologie disposent d'une scène en plein air où se retrouvent les amateurs et amatrices de hip-hop.

En janvier 1986, un premier squat s'installe au 15 de la rue des Gares. Il est évacué par la police en mars 1986 et le bâtiment est muré. Les squatteurs installent des tentes dans la cour. Ils sont délogés à plusieurs reprises. La mairie passe un compromis : les immeubles du 15 de la rue des Gares et du 24 de la rue de Montbrillant sont rouverts, avec des loyers bas et l'engagement des locataires à partir quand les travaux commenceront. Ces deux immeubles vont être au centre de l'activité alternative jusqu'à aujourd'hui. L'Atelier 15 bis voit le jour : il s'agit d'une association regroupant différents savoir-faire et organisant des chantiers de restauration en plomberie, menuiserie et réparation en tout genre. Naît également la fanfare de l'Îlot 13, une vingtaine de musicien·nes habitant sur place et animant toutes les manifestations de soutien. Un troisième lieu, le 14 de la rue de Montbrillant (qui deviendra la Maison des habitants en 2000), est squatté à partir d'octobre 1986. S'y installent des ateliers de sérigraphie, sculpture, musique, etc. En février 1987 s'ouvre la Trocante, une recyclerie, dans un bâtiment sur cour au 15 de la rue des Gares (aujourd'hui le magasin de livres d'occasion). Lo'13'To, restaurant du 17 de la rue des Gares, est inauguré en octobre 1988.

Finalement, en 1996, la mairie accepte un plan de rénovation partiel. Une coopérative d'habitant·es, La Ciguë, voit le jour et gère la rénovation du 15 de la rue des Gares. La ville construit une résidence pour étudiant·es et des logements sociaux à côté, aux numéros 20 et 22 de la rue de Montbrillant.

En 2009, nouvelle alerte : la gare souhaitant s'agrandir, le projet prévoit la démolition d'une partie de l'Îlot. Les habitant·es se mobilisent à nouveau et une pétition recueille 70 000 signatures. Après des négociations avec les Chemins de fer fédéraux, ceux-ci acceptent la proposition alternative d'une extension souterraine. Toutefois, cette option coûtant plus cher, la situation n'est pas complètement stabilisée aujourd'hui et les collectifs de soutien restent vigilants.

Visite des lieux

Si l'on arrive de la gare par la rue de Montbrillant, il n'existe qu'un seul endroit où un bâtiment est construit en retrait de la rue : c'est la Maison des habitants. Construit en 1830, cet ancien relais de Poste de trois étages a été une auberge jusqu'en 1940. Squattée à partir de 1986, elle fait l'objet d'intenses négociations avec la mairie propriétaire. En 2000, une convention d'occupation est passée pour une durée de trente ans avec l'Association des habitants. Des travaux de rénovation importants sont réalisés pour créer, au rez-de-chaussée, un bistrot, La buvette des Cropettes, ainsi qu'un studio de musique, et, aux étages, des ateliers pour des résidences d'artistes et une salle de spectacle. C'est là que, tous les lundis, les résident·es se réunissent pour débattre des questions concernant l'avenir de l'Îlot.

Sur le côté nord de cette cour se trouve un bâtiment neuf : une résidence étudiante qui a remplacé un immeuble ancien. Au rez-de-chaussée, des locaux occupés par différentes structures comme Pré en bulle (centre de loisirs, maison de quartier, bibliothèque), l'Association transports et environnement (ATE), l'atelier Viiva (gravure), le siège de la Ciguë et de l'Habrik (deux coopératives d'habitant·es)...

Au numéro 24, il y a un immeuble rouge avec de curieuses chauves-souris peintes sur la façade. C'est l'un des premiers immeubles occupés. Il a été restauré par les habitant·es, avec, côté cour, une surélévation du toit qui a permis de créer une salle commune et une terrasse, et dans la cour une curieuse petite extension en bois qui renferme des salles de bains. Des ateliers d'artistes occupent le rez-de-chaussée.

Si l'on entre dans la cour, on tombe sur une librairie d'occasion où les livres s'accumulent jusqu'au plafond. Autour de la librairie, un peu de verdure et des jeux pour les enfants. Une sorte de hangar appelé « La menuiserie » abrite au sol une mosaïque, *La dragonne*. En 2014, cette mosaïque a été l'occasion pour des gens de tous âges de se retrouver autour d'une activité commune.

On traverse et on ressort par le 15 de la rue des Gares, un immeuble coopératif. C'est là que se regroupent des boutiques très écologiques : Soleymio vend des appareils fonctionnant au solaire (capteurs, cuiseurs, jeux...), Lo'13'To, restaurant historique tenu par Imane, d'origine syrienne, qui propose une cuisine délicieuse à partir – en partie – des légumes et des fruits qu'elle récolte dans un petit jardin installé sur le trottoir. Imane raconte : « Dans la cour derrière le restaurant, avec d'autres habitants, nous avions mis en place un vaste potager, mais la mairie l'a fait détruire en 2018 parce que de l'eau coulait dans le parking souterrain. » Dans la cour du 15, on trouve différents thérapeutes, un service d'aide aux handicapé·es, un architecte, un atelier de ferronnerie.

À l'arrière de la Maison des habitants, une cour permet de communiquer avec celle du 10 de la rue de Montbrillant qui accueille une immense scène en plein air. C'est là que, lors de notre passage, nous avons pu assister à des démonstrations de hip-hop en lien avec les ateliers d'ethnomusicologie.

Vitrine de Lo'13'To, restaurant historique tenu par Imane depuis 1988.

À l'arrière de la résidence étudiante se trouvent de vastes parkings à vélos.

Le difficile travail collectif

Aujourd'hui, trois immeubles sont gérés par des coopératives. D'autres appartiennent à la mairie qui loue les appartements un par un. D'autres appartiennent à des fondations. D'autres sont en copropriété. Enfin, certains sont un mixte de ces différents cas. Cette multitude de statuts rend difficile une approche commune pour discuter du fonctionnement de l'Îlot 13. Le seul sujet qui réunisse tout le monde (environ six cents personnes) est la défense des lieux.

Quelques initiatives sympathiques sont organisées, comme celle d'étudiant·es qui récupèrent des aliments invendus dans des magasins et qui les offrent le samedi matin à la Maison des habitants, avec priorité aux plus démuni·es.

Il y a toujours des conflits d'espace : Lo'13'To a appris en juin 2019 que la mairie ne voulait pas renouveler son bail, et il a fallu trois mois de mobilisation pour assurer la continuité du projet.

Beaucoup de personnes sont militantes, mais pas forcément en lien avec l'Îlot 13. Nous avons ainsi pu voir de très nombreux autocollants et affiches sur les portes. Imane signale que «s'il y a un groupe actif de personnes investi dans la démocratie de quartier, il n'y a pratiquement personne ayant une responsabilité politique».

Influencées par le livre *Bolo'bolo* (voir la présentation de Kraftwerk dans ce chapitre), «des personnes ont essayé de créer des activités économiques au sein de l'Îlot, pour s'entraider sans passer par le salariat. Il y a eu quelques activités, notamment dans l'entretien des bâtiments, rémunérées par des logements gratuits». Certaines de ces personnes continuent aujourd'hui leur action au sein d'une coopérative d'artisanat.

Imane a milité pour que l'îlot soit ouvert aux solidarités avec l'extérieur. «Le restaurant a souvent accueilli des réunions de ContrAtom, l'association antinucléaire locale. Mais également un atelier de confection avec des femmes réfugiées syriennes dont les réalisations sont vendues sur place. Non sans mal, car le conflit syrien agite aussi le milieu des réfugié·es.»

On pourrait espérer que le renouvellement vienne de la présence de nombreu·ses étudiant·es sur place, mais c'est une population qui reste rarement longtemps et le collectif repose encore sur les militant·es historiques. ■

Au premier plan, la résidence étudiante dans un bâtiment neuf. À l'arrière des immeubles sauvegardés avec à gauche le 15 de la rue des Gares, l'un des premiers bâtiments squattés.

Studio de musique de la Maison des habitants.

Ci-dessus : la façade très occupée par les annonces d'évènements de la Maison des habitants.

Pages 92 et 93 : Entre art et politique, les murs aveugles sont pris d'assaut par les graffeurs et les graffeuses.

NAAN LA
AN SAAR

ITALIE
Vintimille
1989
30 logements

TORRI SUPERIORE. UN ÉCOVILLAGE DANS UN HAMEAU MÉDIÉVAL

C'est dans une étroite vallée, à quelques kilomètres de la frontière française et de la Méditerranée, que s'est développé un des écovillages les plus dynamiques d'Europe.

Entre le XIVe et le XVIIIe siècle, l'ancien village de Torri, sur la commune de Vintimille, a été construit sous forme d'une forteresse, en un seul bloc d'une centaine de mètres de long, avec un labyrinthe d'escaliers et de ruelles, sur huit niveaux différents. Christina, l'initiatrice du projet, qui nous accueille, nous explique qu'« il y a cent soixante-deux pièces et de nombreuses terrasses. Au XVIIIe siècle, environ deux cents personnes y habitaient. Puis les changements économiques et sociaux ont provoqué le déplacement du village un peu plus bas dans la vallée et l'exode d'une partie de la population. »

Naissance d'un écovillage

Ci-contre : Se promener dans les couloirs et escaliers labyrinthiques de l'unique bâtiment que constitue le village de Torri Superiore est féerique.

Page 96 : Sur les huit niveaux, beaucoup d'appartements privés disposent d'une terrasse.

Page 97 : Quelques entrées d'appartements.

Lorsque Christina découvre les lieux à la fin des années 1980, l'ensemble est à l'abandon. « La commune ne sait que faire des bâtiments qui menacent de tomber en ruines et qui ont été plusieurs fois squattés. » La jeune femme crée alors l'Associazione Culturale Torri Superiore en 1989 pour transformer cet ancien village en écovillage et y accueillir une communauté de résident·es. Le prix d'achat est très faible. Une vingtaine de familles se manifestent et un montage financier est organisé : l'association gère la moitié des bâtiments, l'autre moitié est divisée en une vingtaine d'appartements que chaque famille achète et restaure. Toutes font partie de l'association qui gère les lieux, mais aussi qui assure différentes activités collectives : les repas sont pris en commun, les personnes de passage peuvent y manger et une partie hôtellerie est mise en place. L'association compte également une dizaine de membres extérieur·es, des personnes qui ont aidé au financement des chantiers.
« La charte de l'association précise les principes de base de l'écovillage : faire du durable, développer la coopération, les activités culturelles et sociales, faire de l'agriculture biologique… Il n'y a aucun engagement politique ou religieux. » Une assemblée générale se tient deux fois par an et fonctionne à la majorité. Un conseil d'administration se réunit plus souvent pour la gestion générale. Enfin, « des réunions des résidents se tiennent chaque lundi pour la gestion de la vie quotidienne. Là, les décisions se prennent au consensus. »
Au début, les gens de Torri les regardaient avec méfiance, mais, ensuite, les chantiers de reconstruction, le développement des potagers et tout le travail effectué les ont rassurés. L'écovillage a organisé des journées portes ouvertes et a participé à des chantiers communaux notamment pour l'entretien des chemins ; ainsi très vite, une relation de confiance s'est instaurée.

Une situation stable

Le dernier renouvellement d'occupation d'un logement remonte à 2009. Au départ, il y avait beaucoup d'enfants, mais, aujourd'hui, ils ne sont plus que cinq à vivre encore sur place. La partie hôtelière a servi pendant longtemps à loger les personnes qui venaient aider aux chantiers de reconstruction. Ceux-ci sont désormais plus ponctuels : l'ensemble du village a été restauré et toutes les pièces sont habitées.

Au fil des années, l'écovillage a loué ou acheté des terres agricoles. Le dernier achat, en 2020, a été celui du champ sous les fenêtres de l'immense bâtiment, ce qui a permis d'y installer une zone maraîchère où viennent se servir directement les personnes qui préparent les repas. Le lieu dispose de plusieurs vergers, comptant sept cents oliviers – grâce auxquels les habitant·es sont autonomes en huile –, des abricotiers, des avocatiers, des vignes, des figuiers... La production de kumquat, un petit agrume, permet d'avoir des fruits au début de l'hiver. « Il y a aussi des cerisiers, mais les oiseaux s'y nourrissent avant les humains. »

Il y a eu des tentatives d'élevage de chèvres et de brebis, mais « la dispersion des parcelles disponibles nécessite une grande surveillance et cela a été abandonné ». L'élevage pose de difficiles problèmes d'éthique : les jeunes mâles doivent être tués et personne ne se sent à l'aise avec cela (trois personnes sont végétariennes, de la viande est proposée seulement deux ou trois repas par semaine). Il reste aujourd'hui des poules pour les œufs et deux vieux ânes qui finissent leurs jours tranquillement.

Certaines terrasses sont collectives et peuvent servir de passage d'une partie commune à une autre.

Ressources énergétiques

Sur le plan énergétique, il y a de nombreux capteurs solaires thermiques installés astucieusement sur les pentes de la montagne, à l'arrière du village, sur les terrasses, quasiment invisibles, qui fournissent de grandes quantités d'eau chaude. Depuis le début des années 2000, des capteurs photovoltaïques ont commencé à être installés, sur les toits, mais cela ne produit qu'un peu de l'électricité consommée. Le collectif a renoncé à installer une pompe à chaleur à cause du bruit que cela entraîne. Reste donc, pour compléter, essentiellement le bois et un peu de gaz. Ce dernier est utilisé en démarrage du chauffage ou lorsque, rarement, il fait très froid.

Ressources financières

Une partie des résident·es travaillent à l'hôtellerie et à la préparation des repas collectifs. À la vingtaine d'habitant·es à l'année, il peut s'ajouter jusqu'à une quarantaine de personnes en saison estivale : « L'activité hôtelière permet de financer l'ensemble des frais de nourriture de tout le groupe. » D'autres habitant·es ont une activité extérieure, comme la tenue d'un bar alternatif au centre de Vintimille. La restauration du hameau a permis à certain·es d'obtenir des compétences artisanales et d'en faire leur métier. Leurs savoirs sont recherchés : construction en pierre, ferronnerie et travail de tous les matériaux naturels et durables.

De loin, il semble qu'il y a de nombreuses maisons mitoyennes. Mais en fait, il n'y a pas de séparation interne. De gauche à droite on a les appartements privés, puis les parties collectives et enfin l'hôtellerie.

Depuis la terrasse de la salle où sont pris les repas collectifs, on peut voir le village de Torri aux constructions plus récentes.

Des personnes font aussi de la formation en permaculture, en résolution non violente des conflits (là aussi le lieu a été formateur!). Comme la cuisine collective leur a appris à faire des repas pour de grands nombres, de la restauration à l'extérieur est proposée à la demande pour des groupes, des événements culturels...
Toutes les familles paient à l'association une cotisation mensuelle calculée pour couvrir les frais d'entretien généraux. «Cette cotisation est fixée par adulte, les enfants étant considérés comme "bien commun" à l'ensemble de la communauté.» En plus de cette cotisation, chacun·e doit s'engager à agir pour la collectivité. Aux réunions hebdomadaires du lundi soir, un planning circule avec les tâches collectives : jardinage, cuisine, entretien.

Solidarités

Torri Superiore s'est associé avec la coopérative sociale SPES Auser. À l'origine, cette coopérative est née en 2011 pour créer des emplois pour des personnes handicapées. Elle a ainsi mis en place des zones de maraîchage, dispose de grandes serres et est soutenue par la commune. Progressivement, l'activité maraîchère a été ouverte aussi à des chômeur·ses... puis aux réfugié·es.
En effet, Vintimille est un poste-frontière très fréquenté par les migrant·es. De la même manière qu'il existe un fort réseau de solidarité pour l'accueil dans la vallée de la Roya côté français (voir chapitre 9), un réseau s'est mis en place du côté italien. Comme en France, les réfugié·es ne peuvent pas officiellement travailler, mais peuvent aider aux cultures et repartir avec leur nourriture, en attendant un passage de la frontière. Il y a parfois jusqu'à trois cents personnes, surtout d'Afrique subsaharienne, qui sont en attente sur la commune.
L'écovillage est adhérent au Réseau européen des écovillages. Pendant quatre ans, Torri Superiore a assuré le secrétariat de ce réseau et y est aujourd'hui toujours très actif. Christina et Lucilla continuent à s'occuper du réseau italien et se demandent pourquoi il y a si peu de réalisations en France.
Christina nous en a confié la recette de leur réussite : «Trop de groupes se focalisent sur les problèmes techniques alors que le plus important ce sont les relations humaines.» ■

En haut : Les décalages dans la construction ont permis la multiplication des terrasses.

En bas à gauche : Le chien de Christina.

En bas à droite : Christina, qui est à l'origine de cet impressionnant lieu collectif.

ALLEMAGNE
Fribourg
1992
5500 personnes

LE QUARTIER VAUBAN. L'ÉCOQUARTIER QUI A SERVI DE MODÈLE À L'EUROPE

À Fribourg, ville allemande de 210 000 habitant·es, à une quarantaine de kilomètres à l'est de Colmar, le quartier Vauban a été novateur dans de nombreux domaines écologiques.

Au sud de la commune, le quartier Vauban est un immense trapèze fermé sur les deux principaux côtés par une voie de chemin de fer et une petite rivière. Les voitures sont invitées à stationner à l'entrée, dans le « parking solaire », un bâtiment de trois étages avec, au pied, le seul grand magasin du quartier, trois étages de parking pour les voitures et, sur le toit, une installation photovoltaïque qui produit plus que le bâtiment ne consomme.

Priorité aux piétons et aux vélos

Ci-contre : Dans le quartier Vauban de Fribourg, l'espace public est rendu aux enfants qui peuvent jouer à l'extérieur en toute sécurité. Une situation rarissime qui sert encore aujourd'hui de modèle au niveau européen.

Pages 106 et 107 : La plupart des toits du quartier sont recouverts de photopiles. Ces panneaux solaires assurent 65 % de la consommation électrique du quartier.

Le tramway relie le centre-ville au quartier, s'enfonçant tout au fond du quartier Vauban par un axe central. Le long des rails se trouve la seule route d'accès pour les voitures. Des allées pénètrent jusqu'au pied de chaque immeuble, avec une vitesse limitée à 5 kilomètres à l'heure et la priorité donnée aux piétons et aux cyclistes. Il n'y a aucun garage à voiture dans les bâtiments : ces allées ne servent donc que pour décharger un véhicule. La circulation y est de fait quasiment nulle et les enfants y jouent en toute tranquillité.
À l'arrière de bâtiments administratifs se trouve une école maternelle, devant laquelle sont garés une centaine de vélos pour enfants, dont les plus petits ont encore leurs roulettes. Les élèves peuvent venir sans danger en empruntant le réseau piétons et vélos qui court entre les immeubles, à l'abri de toute circulation. À la fin des classes, vers 13 heures, on peut assister à un embouteillage cycliste. L'école jouxte la petite rivière. Des ponts en bois pour les piétons et les vélos permettent de passer de l'autre côté, où se trouvent des jardins familiaux.
Lorsqu'on se promène entre les édifices, on est charmé par la variété de leurs formes et de leurs couleurs, mais aussi par l'abondante végétation. Si tous les immeubles ont sensiblement la même hauteur (quatre niveaux le plus souvent), ils se présentent de manière fort diverse : certains possèdent de petits jardins privatifs, d'autres des espaces plus collectifs, notamment dans les bâtiments gérés par des coopératives.
Même s'ils sont presque invisibles de la rue, sur les toits, de très nombreux capteurs photovoltaïques produisent de l'électricité. Les bâtiments ne demandent que peu de chauffage (dans certains immeubles, il n'y en a pas du tout). Un réseau de chaleur, alimenté par une chaufferie en cogénération fonctionnant à 80 % avec des granulés de bois et 20 % au gaz naturel, assure le complément des capteurs solaires. Le quartier est autonome en chaleur et couvrait, en 2020, plus de 65 % de ses besoins en électricité.

ASTRO

Le calme du quartier en journée est déjà spectaculaire. Quand on y revient de nuit, c'est encore plus flagrant : aucun bruit de moteur. On ne voit que les phares des vélos qui circulent silencieusement. Seul le tramway qui passe toutes les cinq minutes se fait entendre.

Comment est né ce quartier écologique

Ci-contre : Les photopiles sont non seulement sur les toits, mais aussi parfois sur les façades, lesquelles comprennent le plus souvent des balcons ou des coursives au sud.

Page 110 : Un tramway en provenance du centre-ville entre dans le quartier Vauban.

Page 111 : Le vélo et la marche permettent de compléter les modes de déplacement.

Le quartier doit son nom à l'ancienne caserne militaire française datant de la fin de la seconde guerre mondiale. Elle occupait 37 hectares. En 1992, après le départ des troupes françaises d'occupation, la commune préempte les terrains et procède à différents travaux de nettoyage : destruction de bâtiments, dépollution des sols. Elle engage un processus de concertation avec le public qui dure jusqu'à fin 1995. À cette date, les travaux commencent par la réhabilitation écologique d'une douzaine d'anciens bâtiments pour en faire des résidences étudiantes. Quatre autres sont confiés à une coopérative qui met en place quarante-cinq appartements pour des familles nombreuses (cinq personnes ou plus). Un dernier bâtiment d'origine est transformé en maison de quartier et en centre socioculturel (*Stadtteilzentrum Haus* 037) accueillant différentes associations.

À l'entrée, la tranche 0, achevée en 1996, regroupe les résidences étudiantes et les logements dans les bâtiments anciens. La tranche 1, à l'arrière, est réalisée entre 1996 et 2005 avec 185 logements gérés par des coopératives, 48 par des particuliers, 36 par l'association Genova (coopérative de logements sociaux) et 153 par des promoteurs classiques. La tranche 2 regroupe 645 habitations, toujours avec le même mélange. Elle a été achevée en 2006. La tranche 3, finie en 2008, au terminus du tramway, ajoute à l'ensemble les 85 derniers logements.

Au total, le quartier regroupe environ cinq mille personnes. La ville, propriétaire des terrains, a investi près de 500 millions d'euros.

Une expérience écologique

L'écoquartier est d'abord un modèle en termes d'économies d'énergie dans un bâtiment. Les immeubles militaires réhabilités consomment 65 kWh (kilowattheures) par mètre carré et par an. Les bâtiments neufs sont en dessous de 55 kWh par mètre carré et par an. Les coopératives d'habitant·es ont souvent fait mieux. Des immeubles passifs (*Passivhaus*) descendent sous les 15 kWh par mètre carré et par an. Quelques-uns sont même producteurs d'énergie (*Plusenergiehaus*).

De nombreux bâtiments sont équipés de récupérateurs d'eau de pluie qui alimentent différentes utilisations (machines à laver, sanitaires, arrosage...). Toutes les toilettes des écoles fonctionnent à l'eau de pluie. Certains immeubles sont équipés de buanderies communes. Les traditionnels égouts d'eaux grises, à la sortie des bâtiments, sont remplacés par des fossés ouverts avec des plantes filtrantes. Ils servent aussi à délimiter les parcelles, réalisant une séparation en creux et non en relief comme les haies ou les clôtures ; cela offre de longs dégagements à la vue. De petits ponts permettent aux piétons et aux vélos (mais non aux voitures) de franchir ces fossés.

ALNATURA
dm

chariot
chariot

13

Haus 037

La rivière qui borde un côté du quartier a été classée réserve de biotope, et les jardins qui la longent ont l'obligation de maintenir une continuité dans la flore. De nombreux arbres autour de la caserne ont été sauvegardés. Les jardins ouverts les uns sur les autres assurent une continuité de verdure, complétée par de nombreux murs végétaux sur les façades : globalement, le végétal l'emporte sur le minéral, sauf le long de l'axe principal où passe le tramway. Des espaces libres ont été préservés pour de grands jardins d'enfants gérés collectivement.

Tous les services (écoles, magasins, maison de quartier...) sont à moins de sept cents mètres des logements. Un marché de producteurs locaux permet une alimentation en produits frais et constitue un lieu de débats. Seules 9 % des familles ont une voiture contre 40 % pour l'ensemble de la ville.

Le bilan des émissions de gaz à effet de serre du quartier est moitié moindre que celui d'un quartier classique.

Quelques limites dans la démarche

Ci-contre : Dans le quartier Vauban, seules 9 % des familles ont une voiture contre 40 % pour l'ensemble de la ville. C'est un des rares écoquartiers qui a réussi à faire significativement baisser le nombre de voitures.

Page 114 : Les anciens bâtiments de l'armée française, squattés après son départ dans les années 1990, sont à l'origine de la transformation du quartier. Certains ont été reconvertis en résidences étudiantes.

Page 115 : La végétation se développe partout.

Malgré la présence dispersée de logements sociaux, le projet, par sa qualité, a très rapidement attiré des classes aisées. 75 % des habitant·es sont des cadres supérieur·es et professions libérales. Un pourcentage « intellectuel » qui n'est pas représentatif de la population de l'ensemble de la ville, a fortiori si on lui ajoute les six cents étudiant·es sur place.

Il s'est également créé un déséquilibre spatial : les plus riches habitent entre la rivière et le tramway, zone la plus verte. De même, la pyramide des âges n'est pas respectée : on croise surtout des familles avec de jeunes enfants, mais peu de personnes âgées. Une sélection s'est faite par l'argent, mais aussi par la capacité à s'investir dans un projet collectif compliqué et parfois conflictuel.

Six cents personnes ayant un emploi dans le quartier n'y habitent pas. Penser une ville où l'on a moins besoin de mobilité suppose une réflexion encore plus complexe (mixité des lieux d'habitation, de travail, de commerces, de loisirs...).

Les trois sous-quartiers s'interpénètrent peu : le Vauban alternatif (autour des anciens bâtiments), le Vauban coopératif (incluant le logement social) et le Vauban privatif (construit par les promoteurs). Cela se traduit par des écarts de prix importants, pratiquement du simple au double, les salaires supérieurs investissant dans les immeubles les plus économes.

Avec le recul, il est tentant de dire qu'il était possible de faire mieux, mais en 1992 cet écoquartier était extrêmement novateur et il reste aujourd'hui un modèle au niveau européen. ■

QUARTIER
VAUBAN
„WIR MACHEN UNS
DIE WELT
WIDDI-WIE
SIE UNS
GEFÄLLT."

SUISSE
Zurich
2001
650 personnes

KRAFTWERK. ÊTRE NOMBREUX POUR ATTEINDRE L'AUTOSUFFISANCE

Dans la coopérative d'habitant·es Kraftwerk, les pratiques solidaires sont plus développées que dans les habitats groupés français. Mais l'idée d'être un grand nombre pour pouvoir créer des emplois en interne et sortir du capitalisme reste encore balbutiante.

À Zurich, à la fin des années 1970, un important mouvement alternatif se mobilise sur les questions de logement. En 1983, Hans Widmer, professeur d'anglais et de français, auteur de science-fiction, 36 ans à l'époque, publie sous la signature P.M. le livre *Bolo'bolo* qui propose une méthode pour sortir du capitalisme. Pour cela, il faut éviter la marchandisation. Il pense qu'il est possible de le faire en favorisant l'échange de services au niveau du voisinage. Il recommande la création de «bolos», des unités d'habitation suffisamment grandes (de cinq cents à mille personnes) «où peuvent se développer des activités de trocs et de services sans rémunération, permettant à chacun·e de diminuer progressivement son temps de travail salarié au sein du système capitaliste». «Bolo'bolo», c'est le nom de la structure où prennent place ces échanges – toujours non monétarisés – entre chaque petite collectivité.

Une première unité d'habitation

Ci-contre : Le troisième lieu d'implantation de la coopérative Kraftwerk, à Wallisellen, commune voisine de Zurich, se trouve en bordure d'autoroute et sous un couloir aérien. Un défi architectural pour maintenir le calme dans les logements. Il y a 120 logements.

Page 118 : Une des passerelles entre les bâtiments du troisième groupe d'immeubles à Wallisellen.

Page 119 : Hans Widmer, l'auteur du livre Bolo'Bolo *qui a inspiré le projet… et des vues du groupe d'immeubles de Wallisellen.*

Le livre fait fortement débat. En 1993, Hans Widmer, Andreas Hofer, architecte, et Martin Blum, designer et artiste, lancent un appel pour passer à la pratique. Après deux ans d'ateliers auxquels participent plusieurs centaines de personnes, la coopérative Kraftwerk voit le jour. Une parcelle est trouvée en 1997. Celle-ci faisant seulement 6000 mètres carrés, elle ne permet pas d'atteindre la taille voulue d'au moins cinq cents personnes. Le chantier démarre en 1999 et les habitant·es commencent à s'installer en 2001.
Sont construits un bâtiment de bureaux et de commerces sur rue et trois immeubles d'habitation en retrait. Il y a cent logements pour deux cent soixante personnes. Initialement, il y avait 31 % de familles, 16 % de couples sans enfants, 25 % de célibataires, dont 28 % en colocation, 30 % de nationalités étrangères, 10 % d'handicapé·es, 10 % de personnes en dessous du seuil de pauvreté. 52 % de femmes, 48 % d'hommes.
Les coopérateurs et coopératrices ont dû réunir 6 % du capital, puis la ville a apporté 14 % sous la forme d'un prêt hypothécaire, permettant un emprunt bancaire sur 50 ans des 80 % restants. Le loyer est composé d'une part fixe obligatoire qui couvre les frais de gestion et le remboursement des crédits, celles et ceux dont les revenus sont importants paient en plus une participation à un fonds de solidarité qui permet de baisser jusqu'à 20 % le loyer des revenus les plus faibles et, enfin, «il existe une troisième partie dans le loyer qui est facultative et appelée "spirit" (esprit du lieu), destinée à financer des projets communs en lien avec la recherche d'autosuffisance». En moyenne, le loyer à Kraftwerk est aujourd'hui de 20 % à 30 % moins cher que ceux du privé.

Des espaces communs diversifiés

Au pied de chacun des trois immeubles d'habitation, il y a une buanderie où toutes les machines à laver sont identiques (achetées et renouvelées ensemble pour avoir des tarifs de gros). Au rez-de-chaussée de l'immeuble le plus important, on trouve une crèche voulue dès le départ et gérée par la mairie, ainsi qu'un atelier avec un salarié qui intervient pour la moindre demande de réparation et qui prête des outils. Un bar ouvre certains soirs, tenu par des bénévoles. Une épicerie propose des produits frais et bio qui arrivent en provenance d'Ortoloco, une coopérative maraîchère située à dix kilomètres, et des produits secs. À l'entrée est affiché le planning des personnes chargées de préparer les repas collectifs hebdomadaires, ou de réaliser des travaux d'entretien. Certaines tâches sont tournantes, d'autres pas : « Les jardiniers et jardinières sont des passionné·es. »

Depuis plusieurs années, la coopérative négocie la reconversion d'un stade voisin abandonné en lieu de vie collectif, et y développe en attendant des jardins partagés et des jeux pour enfants.

Les toits de trois immeubles sont couverts de photopiles, mais « ils n'assurent qu'une partie des besoins de la coopérative ». Le quatrième toit, le plus vaste, dispose d'un grand espace commun en plein air de plusieurs centaines de mètres carrés, d'une salle pouvant recevoir une quarantaine de personnes et d'une cuisine où sont préparés les repas collectifs. L'ensemble peut être privatisé à certaines heures pour des activités comme du yoga, de la musique, etc. Enfin, il y a une chambre d'hôtes pour accueillir familles ou visiteur·ses. Cette disposition permet de limiter la taille des appartements.

Des appartements qui peuvent s'échanger

Les appartements sont de tailles variées. Un certain nombre sont prévus pour la colocation, avec dans chacun des petits espaces privatisés d'une vingtaine de mètres carrés (chambre, salle d'eau, kitchenette) et de vastes parties communes. Les plus grandes colocations peuvent accueillir douze personnes.

Tous les logements sont équipés des mêmes appareils électroménagers, ce qui permet des achats en gros, un entretien plus facile, mais également facilite la rotation des appartements.

En effet, deux fois par an, des permutations sont discutées lors d'une réunion : naissance ou départ d'enfants, divorce, départs et arrivées sont les causes de ces échanges. En moyenne, il y a six à sept déménagements par semestre. « Ces échanges font l'objet de débats passionnés et une personne extérieure est chaque fois présente pour assurer la médiation. »

L'un des toits des premiers bâtiments comprend une salle commune et d'immenses cuisines, ainsi qu'une terrasse permettant de nombreuses activités festives.

Le bâtiment en bas à droite est l'un du premier groupe d'immeubles de Kraftwerk. On peut voir que, sur le toit, s'alternent des parties végétalisées et des capteurs solaires. À l'arrière, des appartements disposent de terrasses.

Une taille qui limite l'autonomie?

L'immeuble sur rue est destiné à des activités professionnelles. Au départ, elles devaient être au service de la coopérative, hors système financier. Mais, « du fait de la taille insuffisante du projet, cela n'a pas été possible ». Se trouvent au rez-de-chaussée un restaurant, un marchand de vélos et un coiffeur. Dans les étages, le siège administratif de Kraftwerk (seize salarié·es) et différentes activités en rapport avec l'écologie.

Pour Hans Widmer, les limites du projet tiennent à son manque d'ampleur : « Les activités sont dans l'esprit de Kraftwerk, mais ne fonctionnent pas dans le sens d'une autosuffisance. » La surface cultivée par la coopérative maraîchère à l'extérieur de la ville ne fournit qu'un faible pourcentage de la nourriture. Si les personnes étaient plus nombreuses, plus d'initiatives pourraient trouver un équilibre économique sans sortir de la coopérative.

Mais « la taille ne fait pas tout. Il y a aussi la difficulté de porter un projet sur le long terme ». Depuis le début, « un tiers des habitant·es participe aux réunions et prend des responsabilités, un deuxième tiers soutient la démarche et enfin un tiers se contente d'habiter là. Du fait de leurs engagements, le premier tiers fatigue et c'est dans ce groupe qu'il y a eu le plus de départs ! »

Nouveaux lieux d'habitation

En 2008, la coopérative achète deux petits immeubles situés en bordure de ville. Un travail architectural est réalisé pour construire entre les deux un bâtiment, ce qui permet d'ajouter des terrasses, de dégager des parties communes, de faire varier les types d'appartements. Quatre-vingt-dix personnes y vivent depuis 2016.

En 2016, un bureau d'étude contacte Kraftwerk pour un projet sur une commune voisine. La coopérative prend en charge la moitié de la parcelle et construit trois bâtiments : une barre au sud qui longe une autoroute, de huit mètres de largeur avec des chambres côté nord (côté silencieux), et deux petits immeubles à l'intérieur de la parcelle qui accueillent de grands appartements collectifs.

En tout, depuis 2018, ce sont cent vingt logements supplémentaires qui ont été construits, dont une quarantaine confiés à un hôtel géré par une fondation (Stiftung ZKJ) qui n'emploie que des handicapé·es. Particularité de ces derniers immeubles : il n'y a pas d'autre chauffage qu'une circulation d'eau chaude provenant d'un système de pompe à chaleur installée dans une station d'épuration voisine.

On pourrait penser que Kraftwerk dispose maintenant d'une taille suffisante, mais, du fait de l'éloignement des trois lieux, il y a peu d'activités communes entre eux.

Comparé aux projets de coopératives en France, il y a ici une volonté d'aller vers une taille plus importante. Cela permet de mieux répartir les responsabilités, de partager plus de matériel et d'espaces, d'avoir quelques permanents. ■

Sur le deuxième site de Kraftwerk, les deux petits immeubles préexistants, à gauche et à droite avec des façades lisses, ont été reliés entre eux pour permettre la mise en place de nombreuses coursives et terrasses communes. 90 personnes y vivent.

Vue depuis une des nouvelles terrasses construites entre les deux immeubles préexistants.

DANEMARK
Copenhague
1971

**Environ
900 personnes**

CHRISTIANIA. LA VILLE ALTERNATIVE… TOURISTIQUE?

Un millier de personnes vivent dans cette ancienne caserne, au centre de Copenhague, occupée depuis 1971, de manière légale depuis 2013. C'est aujourd'hui le deuxième lieu touristique de la capitale. Si une piste cyclable traverse l'ensemble, la quasi-totalité des déplacements s'y font à pied.

Face à l'entrée s'ouvre la rue principale. Au nord sont situés les bâtiments de logements de l'ancienne caserne, en pierre, sur trois ou quatre niveaux. Les rez-de-chaussée regorgent d'entreprises alternatives, dont une célèbre fabrique de tricycles qui existe depuis 1984. Les étages sont privés et hébergent de nombreuses familles.

Plus à l'est, un bras de mer est bordé de défenses militaires. Des digues triangulaires délimitent des îlots fermés sur deux côtés. Chacun accueille un quartier d'une dizaine de maisons ou de roulottes, des ateliers et des potagers. De l'autre côté des fortifications, au bord de l'eau, c'est le domaine de l'autoconstruction et de l'imaginaire avec des maisons en matériaux de récupération, plus inventives les unes que les autres.

La rue principale avait été surnommée Pusher Street, littéralement «rue des vendeurs de drogues». Une situation qui a perduré du début de l'occupation jusqu'en avril 2024. Suite à des règlements de compte avec armes à feu et à plusieurs morts en 2022 et 2023, le 6 avril 2024, l'ensemble des résident·es a mené une action collective pour expulser les dealers. Cette tolérance s'est longtemps expliquée par la participation financière des vendeurs de drogues au niveau des procédures juridiques.

Aujourd'hui, l'équilibre financier repose sur les aides au logement… dont tout le monde dispose et, surtout, sur une cinquantaine d'entreprises. Alors qu'aucune règle ne l'interdit, on peut constater qu'il n'y a aucune industrie polluante. Depuis quelques années, des guides, des magasins, des restaurants, des salles de spectacles… ont fait leur apparition pour accueillir les touristes.

Christiania est divisé en une dizaine de quartiers. Chacun envoie des délégué·es à l'assemblée générale et dans les différentes commissions dont celle des finances, chargée de collecter les loyers. Ceux-ci sont déterminés par le revenu des personnes et des activités. Les décisions ne sont jamais prises par vote, mais par consensus.

Beaucoup de cheveux blancs : les jeunes arrivé·es dans les années 1970 sont encore là. Et pour les travaux d'entretien, la relève n'a pas été prise. Il y a toujours eu une majorité d'hommes (environ les deux tiers), une cinquantaine d'enfants sont nés là… et il y a une proportion significative de non-Danois. Depuis la légalisation de l'occupation, la population a légèrement baissé, il y a un début de gentrification avec d'anciennes maisons d'officiers restaurées, et camper sur place est désormais interdit. Les forces collectives sauront-elles maintenir dans la durée l'originalité des lieux? ■

Christiania, lieu devenu très touristique à Copenhague, dispose d'une vaste esplanade pour des spectacles en plein air, encadrée par des bars. Au fond, on devine les anciens bâtiments militaires avec trois étages et deux de plus dans les combles.

BALSTRU
TONEK

WELIN'16

Page 128 : De nombreux graffs sont présents partout. En bas, à droite un habitant sert de guide à un groupe de touristes.

Page 129 : Deux maisons auto-construites.

SUÈDE
Malmö
2001
15000 personnes

VÄSTRA HAMNEN. L'ÉCOQUARTIER DES RICHES?

Au début des années 1990, la commune de Malmö, 350 000 habitant·es, décide d'utiliser des terrains industriels à l'abandon en bord de mer pour y créer un «écoquartier». Sur 25 hectares, elle met en place une exposition d'architecture. Les immeubles sont ensuite vendus comme logements, à un prix très élevé qui nuit aux objectifs initiaux de mixité sociale.

Niveau écologie, ce n'est pas brillant. La consommation énergétique est sept fois plus importante que la norme passive en Allemagne ! Trop de recours aux technologies, comme la collecte des déchets par un tapis roulant souterrain, entraînent un coût de fonctionnement élevé. Dans le cadre d'une deuxième phase, l'architecte Santiago Calatrava Valls construit une tour de 190 mètres de haut. Si la consommation de la tour est 100 % renouvelable, elle n'en reste pas moins énorme. Une aberration dans un écoquartier.

Le cap des 10 000 habitant·es a été atteint en 2014. À terme, vers 2030, il devrait en comporter 25 000 sur 217 hectares. Lors de notre visite, on comptait dans le quartier plus de voitures que de piétons ou de cyclistes. À l'office de tourisme, on nous en parle en le nommant «le quartier des riches». ■

Des appartements de luxe avec vue sur la mer. De grosses voitures un peu partout. Une tour démesurée comme l'est aussi sa consommation. Nous sommes dans l'« écoquartier des riches » de Malmö.

ARTERRA. QUAND UN ANCIEN PALACE SE TRANSFORME EN ÉCOLIEU

ESPAGNE
Artieda
2013
64 logements

L'achat d'un palace abandonné à 30 kilomètres à l'est de Pampelune (Navarre) a permis la naissance d'un écolieu en 2013. Il comprend 8000 mètres carrés habitables divisés en soixante-quatre logements. Le golf de trois hectares a été transformé en zone de maraîchage. Il y avait vingt-quatre adultes et une quinzaine d'enfants au départ. Un chiffre qui augmente lentement.

Le bâtiment compte deux corps principaux reliés entre eux. Le rez-de-chaussée est consacré aux activités communes : salles de réunion (la plus grande, dans l'ancienne chapelle reconvertie, peut recevoir deux cents personnes), atelier de bricolage, jardin d'enfants, salle à manger commune avec des cuisines géantes (provenant de l'ancien hôtel), etc.

Les étages du premier corps de bâtiment accueillent les appartements privés, ceux de l'autre des chambres et des bureaux pour l'Université de la transition, un lieu de formation. Chaque famille doit être autonome financièrement et paie 250 à 300 euros de loyer. Les repas de midi sont collectifs. Il faut s'investir trente heures par mois dans les activités communes.

Le bâtiment étant loin des critères écologiques, des investissements sont faits progressivement pour aller vers un habitat sain et une faible consommation énergétique. ■

Les chambres de cet ancien hôtel de luxe ont été transformées en 64 logements. Le rez-de-chaussée comporte de nombreuses parties communes dédiées à la vie collective.

è

LES ÉCOQUARTIERS EN FRANCE

6

Façade du cinéma implanté dans l'écoquartier de Bonne à Grenoble.

Théoriquement, un écoquartier présente un certain volume de construction et un aménagement urbanistique qui cherche à diminuer l'empreinte écologique. Les écoquartiers sont pensés au niveau des communes et résultent d'une planification plus ou moins contraignante.

Le gouvernement français a mis en place un label ÉcoQuartier. Pour y répondre, doivent être prises en compte la maîtrise de l'énergie (réduction de la consommation, recours aux énergies renouvelables), des ressources en eau (récupération des eaux de pluie, épuration des eaux grises), la gestion des déchets (collecte sélective, compostage, réemploi) et les modes de déplacement (transports en commun, vélo, marche). Critères auxquels on peut ajouter : le choix des matériaux de construction (biosourcés, locaux), la mixité sociale (âges, revenus), le type d'activités économiques (magasin en vrac, circuits courts), la protection de la biodiversité (jardins, zones laissées sauvages, pièces d'eau), etc.

Les résultats sur le terrain présentent une grande diversité et, en France comme à l'étranger, le résultat social et écologique n'est pas toujours au rendez-vous. Plusieurs raisons possibles à cela : peu de prise en compte en amont des souhaits des habitant·es, volonté des élu·es d'offrir une vitrine écologique... et parfois opération immobilière douteuse lorsque ces écoquartiers voient le jour sur des sols pollués.

LOIRE
Saint-Étienne
2015
13 logements

LES CASTORS. UN IMMEUBLE COLLECTIF À CHAUFFAGE HUMAIN

Les Castors est le premier projet stéphanois collectif de construction en normes passives. Dans la zone d'aménagement concerté du nord du Crêt-de-Roc, trente-trois personnes y habitent avec bonheur.

La population de Saint-Étienne, quatorzième plus grande ville de France, est en baisse depuis le début des années 1970, conséquence de la fermeture des mines de charbon et de la désindustrialisation. De nombreux logements vides sont à l'abandon. Lancé en 2006, un projet de rénovation du quartier du Crêt-de-Roc, proche du centre-ville, a prévu la reconstruction de logements neufs, dont une partie sur un ancien terrain industriel qui a nécessité un gros travail de dépollution. C'est là que s'est installé le projet des Castors, dont le nom évoque l'association bien connue (voir La Cité des Abeilles, chapitre 3).
Franck Le Bail, architecte devenu urbaniste, participe au programme de rénovation depuis le début. La ville envisage au départ un mix entre maisons de ville et immeubles construits par des promoteurs immobiliers. Franck Le Bail sort tout juste d'un an de formation, durant laquelle il est allé visiter le quartier Vauban à Fribourg (voir chapitre 5), où l'articulation entre l'habitat et l'environnement lui semble particulièrement réussie. Il découvre aussi des immeubles gérés en coopérative ainsi que des bâtiments aux performances énergétiques excellentes.
Il intervient dans les plans de rénovation et propose la création d'un écoquartier frugal en termes de consommation. Pour lancer le projet, un premier immeuble locatif de vingt appartements à base de matériaux classiques voit le jour, financé par Foncière Logement, un organisme d'État. À partir de la crise économique de 2008, les projets des promoteurs privés tombent à l'eau. Il est difficile d'investir dans une ville où le prix de l'immobilier est en baisse.

L'immeuble collectif des Castors, à Saint-Étienne, comprend deux petits immeubles avec de larges terrasses et cinq maisons mitoyennes.

De l'Amap à l'habitat coopératif

Il existe une Amap (association pour le maintien d'une agriculture paysanne) du Crêt-de-Roc, qui distribue des paniers de fruits et légumes dans le quartier. Au cours d'une réunion de celle-ci, Franck Le Bail lance l'idée d'un habitat coopératif. Le bouche-à-oreille fonctionne et, en quelques mois, dix-huit familles se réunissent autour du projet. Elles visitent alors des logements coopératifs nés dans les années 1970 à Saint-Étienne, initiés par des amicales ouvrières toujours actives. Elles rencontrent aussi l'association des Castors, qui a mis en place un système d'entraide pour l'autoconstruction (voir chapitre 3). Pour éviter un conflit d'intérêts, Franck Le Bail refuse d'en être l'architecte et, après quelques rencontres, c'est Jean-Pierre Genevois, de Lyon, qui est choisi.

Page 136 : Les maisons mitoyennes avec de larges pare-soleils.

Page 137 : Le plus petit des deux immeubles avec devant lui, le long de la clôture, l'un des parkings à vélos.

La ville accepte de leur vendre un terrain capable d'accueillir treize logements. Il y a une liste d'attente. Les études préparatoires nécessitent un premier budget de 40 000 euros (3 000 euros par famille). Ceci provoque une fonte des candidatures. Seules trois familles restent et, après un moment de flottement, il faut de nouveau faire de la publicité pour le projet. Douze familles se lancent dont trois qui acceptent d'avancer les frais pour un treizième appartement. Les difficultés vont encore être nombreuses : les banques n'acceptent que des prêts individuels, obligent à choisir des assurances coûteuses. Heureusement, la mairie prend deux mesures pour les aider : elle reporte de dix ans le règlement du prix du terrain et des taxes (au total 200 000 euros), et elle prend en charge le coût des fondations : sous la zone, il y a d'anciennes mines de charbon et de grès, et il faut planter des pieux de 12 mètres pour stabiliser les bâtiments. Par ailleurs, elle assure la dépollution des terrains (présence notamment d'arsenic provenant de remblais des mines). Cinquante centimètres de terre nouvelle sont ajoutés par-dessus pour rendre possible un potager, les arbres fruitiers étant interdits. Huit des familles ayant des revenus en dessous des limites financières fixées par l'État bénéficient d'un taux de TVA réduit à 5,5 % (soit une économie de 10 000 euros chacune).

À l'arrivée, deux petits immeubles encadrant un autre préexistant font face à cinq maisons mitoyennes, avec au centre un jardin de 500 mètres carrés. Un immeuble comprend cinq logements avec un monte-charge et accueille les personnes les plus âgées. Le deuxième abrite trois familles. L'ensemble est en ossature bois, isolation en ouate de cellulose, double vitrage au sud, triple au nord, avec des appartements traversants nord-sud. Les maisons disposent d'une terrasse et d'un petit jardin privatif, les appartements des immeubles d'une vaste terrasse. Le tout est riche en couleur et très lumineux.

Les escaliers métalliques, très aériens, sont en avancée des deux immeubles.

Atelier de bricolage et salle de réunion

Au pied de l'immeuble de cinq logements se trouvent des parties communes : un atelier de bricolage, une buanderie, une salle de réunion dans laquelle un canapé convertible permet éventuellement de loger des invité·es. Cet étage et le jardin central sont gérés collectivement. L'architecte a fait les aménagements intérieurs à la demande de chaque famille, il n'y a donc pas deux logements semblables. Certaines finitions ont été faites par les habitant·es. Un garage à vélos avait été prévu seulement sur un côté du jardin, mais l'arrivée du vélo électrique a changé la donne et, depuis l'inauguration en 2016, un deuxième parking a été construit... avec récupération des eaux de pluie pour le jardin. Si le nombre de vélos est important, il n'y a toutefois que trois familles qui n'ont pas de voiture.

Ces escaliers à la vue agréable créent des lieux de rencontres et de sociabilité.

Progressivement, la végétation prend possession des cages d'escalier.

Des logements sans chauffage!

Les logements ont une particularité : il n'y a pas de chauffage. C'était un pari car, en France, cela ne se fait pratiquement pas, alors que c'est déjà développé dans d'autres pays (Allemagne, Suisse, Autriche). L'isolation est excellente (normes passives), et les sources de chaleur pour compenser les pertes sont fournies par la chaleur humaine, les douches et les activités dans la cuisine. Cela suffit sauf dans des cas extrêmes : en secours, il est possible d'actionner une résistance de mille watts (équivalent d'un petit radiateur de salle de bains) qui complète les apports de calories en provenance de l'échangeur situé au niveau de la ventilation double flux. Un tel échangeur permet d'utiliser la chaleur de l'air sortant pour chauffer l'air entrant.

Après plusieurs années de vie commune, les habitant·es sont globalement satisfait·es. Les factures sont réduites (du fait des normes passives). Seul problème soulevé : l'impression d'un déficit d'isolation phonique entre les niveaux à travers les dalles en béton du sol. Ces dalles stockent la chaleur provenant du soleil à travers les larges baies vitrées exposées au sud, principe du solaire passif. Des mesures ont montré qu'elles ne comportaient pas de malfaçons. En fait, l'isolation extérieure coupe tellement bien le bruit de la ville que le seul son qui reste perceptible est celui des appartements voisins!

Un projet qui fait florès et essaime

Alors que les projets des promoteurs privés ont tourné court, Les Castors ont réussi à faire venir plusieurs familles de l'extérieur de Saint-Étienne. Les visites sont nombreuses et des personnes enthousiastes ont créé un nouveau groupe en 2019, Les Communs d'abord, qui vise, sur le terrain mitoyen, à construire un deuxième immeuble du même genre. Les travaux ont commencé en février 2024.

L'Epase, établissement public en charge du développement de l'écoquartier, a bien analysé ce succès et mise maintenant sur d'autres projets participatifs pour compléter le quartier. L'un des habitants, Jean-Marc Chazot, a mis en place l'association Cohabtitude42 qui fait la promotion de l'habitat groupé sur l'ensemble du département. ■

Le bois est largement utilisé dans ces immeubles et maisons : ossature générale, bardage extérieur, revêtement intérieur.

ISÈRE
Grenoble
2008
885 logements

Ci-contre : L'immeuble de bureaux Bonne Énergie est à énergie positive. Il produit plus d'énergie qu'il n'en consomme.

Pages 146 et 147 : Les jardins et esplanades encadrés par les immeubles offrent un immense espace de jeux pour les enfants.

QUARTIER DE BONNE. UNE RÉUSSITE SOCIALE PLUS QU'ÉCOLOGIQUE

Rares sont les écoquartiers à la fois performants écologiquement et équilibrés socialement. Si tout n'est pas parfait dans ce quartier de Grenoble, les résultats sont quand même appréciables.

La ville de Grenoble a profité du départ de l'armée d'une caserne du centre-ville pour y mener un ambitieux projet d'écoquartier. En 2000, elle a mis en place une zone d'aménagement concerté (ZAC) sur une surface de 16 hectares (dont 8,5 hectares de l'ancienne caserne, le reste étant principalement un parc public de 5 hectares). Les chantiers se sont étalés de 2005 à 2016 ; le budget a été de 39 millions d'euros. Les premiers logements sont habités à partir de 2008, année de l'ouverture de l'école construite en ossature bois (seize classes et un restaurant scolaire). Le pilotage a été fait par la ville alors dirigée par Michel Destot, avec le soutien de l'agglomération (La Métro) et de la région, les trois niveaux étant alors gérés par le Parti socialiste.

Un quartier construit autour d'un vaste espace public

Lorsqu'on y arrive aujourd'hui, plusieurs choses sautent aux yeux : les parcs centraux sont très fréquentés. Des enfants jouent partout, avec les parents assis aux alentours. Les terrasses de bars sont copieusement occupées. On trouve des gens de tout âge ainsi que de nombreuses personnes handicapées car tout est accessible. Il n'y a pas de voiture au cœur des îlots, seulement des piétons et beaucoup de vélos. Moins agréable, le long d'un des parcs se trouve un immense centre commercial.

Au centre de l'opération,3,5 hectares d'espaces verts sont divisés en trois zones :

- une partie de l'ancien parc est restée assez sauvage et est peu fréquentée ;
- l'ancienne cour d'honneur de la caserne est devenue une esplanade avec des plans d'eau, elle est entourée sur trois côtés par les anciens bâtiments de la caserne rénovés, d'où une économie de matériaux ;
- un nouvel espace, le jardin des Vallons, comporte des plans d'eau, des jeux pour les enfants, des cheminements. D'un côté se dresse le centre commercial, sur un autre côté un bâtiment de la caserne sous lequel on peut passer pour rejoindre l'esplanade et, sur les deux derniers côtés, on trouve de nombreux logements avec quelques commerces et un cinéma en rez-de-chaussée.

En tout, il y a deux cent trente habitations dans quatre îlots au sud, trois cent quatre-vingts autres dans trois îlots à l'est et trois autres disséminés ailleurs, pour un total de huit cent quatre-vingt-cinq logements dont 38 % sociaux accueillant 2 400 habitant·es. La densité de logements est la même que celle des quartiers voisins… mais avec un tout autre aspect. Les parcs sont ouverts à tout le monde et des personnes viennent des environs pour en profiter.

Des ambitions réelles

La ville a mis en place une équipe composée de personnes d'Enertech, un bureau d'études spécialisé dans l'optimisation énergétique des bâtiments, de l'Agence locale de l'énergie et de Terre Éco, bureau d'études autour du label Haute qualité environnementale. Le projet a appliqué la réglementation thermique 2012 dix ans avant son entrée en vigueur.
La ville a bien pensé la mixité sociale : outre les logements sociaux, on trouve une résidence universitaire, un établissement pour personnes âgées (quatre-vingts places) qui voisinent avec une résidence hôtelière (cent quatre studios) et un hôtel de luxe.
Les connexions avec les pistes cyclables et les transports en commun (bus et tramways) sont nombreuses.
L'immeuble de bureaux Bonne Énergie est à énergie positive (il produit plus d'énergie qu'il n'en consomme) : chauffage par géothermie, toiture solaire, forte isolation par l'extérieur.
Le centre commercial n'est ni chauffé, ni climatisé : il est bien isolé et seules les personnes qui y passent en assurent le chauffage. La récupération des eaux de pluie permet d'arroser les espaces verts.
Tout ceci fait que le projet reçoit des prix avant même d'être construit : Grand prix national ÉcoQuartier en 2009 et label ÉcoQuartier en 2013... Peut-être un peu tôt pour juger de la réussite sociale et écologique. Car tout n'a pas été parfait.

Économies d'énergie, mais objectif non atteint

Page 150 : Jeux pour enfants devant un ancien bâtiment de la caserne.

Page 151 : Un des immeubles basse-consommation.

Le projet prévoyait une performance énergétique de 42,5 kilowattheures par mètre carré et par an. En 2011 une étude d'Enertech, portant sur quatre cent trente-huit logements (dont 40 % en locatif social) habités depuis 2008, montre que la consommation énergétique est supérieure de 5 % à 70 % à ce qui était prévu. Pour son directeur, Olivier Sidler, c'est d'abord à cause « des malfaçons lors de la construction, notamment dans la gestion de l'étanchéité des bâtiments ».
Ce n'est pas la seule cause : les locataires n'acceptent pas tous que le chauffage soit bloqué à un niveau assez bas, dix-neuf degrés, et nombre de logements se sont dotés de... radiateurs électriques !
La toiture du centre commercial est équipée de 1000 mètres carrés de photopiles et de capteurs solaires thermiques qui devaient couvrir la moitié des besoins en eau chaude sanitaire. Mais il y a plus de consommation d'eau chaude que prévue et donc le complément, assuré par une cogénération gaz et électricité, est plus sollicitée.
Malgré cela, les résultats sont meilleurs que dans le logement neuf réalisé avant dans la ville : en pratique, les charges sont deux fois moins élevées que dans le logement social antérieur.

Limite entre les anciens bâtiments de la caserne à droite et les nouvelles constructions à gauche.

Vue du parc depuis l'hôtel installé dans un ancien bâtiment de la caserne. Au fond, un ensemble d'immeubles d'habitation avec différents statuts (copropriétés, logements sociaux, résidences pour personnes âgées…)

Limites de la concertation

La ville se vante d'avoir fait de nombreuses concertations permettant d'associer les citoyen·nes et les institutions au projet. Mais ce sont rarement les locataires actuel·les qui ont assisté aux différentes réunions.
Les locataires ont donc découvert en arrivant les innovations… et toutes ne sont pas très appréciées. Ainsi, certaines façades des logements sociaux étaient végétalisées (avec du lierre) pour éviter la surchauffe en été… mais la végétation en façade favorise l'accès des insectes aux appartements et certain·es ont recouru aux insecticides, voire carrément à la destruction de la plante. Lors de notre passage, nous n'avons vu aucune façade végétalisée : elles ont été supprimées.
Le lino écologique utilisé pour certains sols nécessite « un lavage à sec, avec de l'huile de lin ou de la farine de bois » selon les recommandations du bailleur. La plupart ne le font pas, se contentant de laver à l'eau. Certains ne supportent pas l'odeur de colle et emploient des détergents, ce qui détériore le lino !
Il y a des interrupteurs coupeurs de veille dans les salons… c'est une source de confusion qui provoque sans cesse des arrêts d'appareils électriques non désirés.
La ventilation double flux fait un bruit continu, nécessite un entretien régulier que la plupart ne font pas. D'où l'arrêt de cette ventilation. Les personnes préfèrent ouvrir les fenêtres pour renouveler l'air, ce qui augmente les besoins de chauffage.
Lors d'une rencontre, la régie affirme que les dysfonctionnements proviennent des habitant·es qui ne font pas ce qu'on leur demande. D'où la réplique d'une personne : « Alors c'est nous le problème ? »

Plusieurs étendues d'eau mettent en valeur une belle biodiversité. Les parcs sont suffisamment grands pour oublier que l'on est en centre-ville.

Limites écologiques

Le projet prévoyait de réduire de 40 % la place consacrée aux voitures. Or, malgré la densité des transports en commun disponible, il a été maintenu un garage par logement. Seuls les bureaux n'en ont pas. Quatre cent quatre-vingts places de parking sont disponibles en sous-sol pour le seul centre commercial. Ce n'est pas parce qu'elles sont sous terre que les voitures ne sont pas là. La commune a été trop frileuse sur la question et très vite, le manque de garages pour vélos a été criant et ils ont dû être redimensionnés.
Le centre commercial (cinquante-trois boutiques) affiche certes de bons critères énergétiques… mais ne comporte aucun magasin local, uniquement des franchises que l'on trouve partout. Autant dire qu'il s'y vend des produits qui viennent du monde entier avec une empreinte énergétique énorme. Il a de fait éliminé tout commerce local dans le voisinage. Une énorme erreur de conception qui s'explique… par l'apport de financements par les promoteurs du centre commercial.
Alors que les espaces collectifs sont grands, nous n'avons vu aucun jardin partagé, ni aucune zone de compostage.
Cela reste une belle réussite sociale, le résultat est meilleur que la plupart des écoquartiers que nous connaissons. Mais, sur le plan écologique, le bilan est mitigé. ■

ILLE-ET-VILAINE
Hédé-Bazouges
2005
32 logements

LES COURTILS. UNE DYNAMIQUE RÉUSSIE EN MILIEU RURAL

En 2001, la commune de 2200 habitant·es d'Hédé-Bazouges, à vingt kilomètres au nord de Rennes, lance la réalisation de l'écoquartier Les Courtils. Il est habité à partir de 2005 et compte trente-deux logements : dix logements locatifs sociaux de 50 à 70 mètres carrés dans un petit immeuble et vingt-deux maisons individuelles sur des parcelles de 400 à 800 mètres carrés. Toutes les maisons sont différentes, et l'ajout de couleurs rend l'ensemble très agréable à l'œil. Le lotissement est accessible par une rue en boucle à sens unique où la vitesse est limitée à trente kilomètres à l'heure.
Les maisons sont rassemblées par quatre, permettant un regroupement des garages en bois local à l'écart. Les architectes Bernard Menguy et Georges Le Garzic ont mis en place de larges espaces et cheminements piétonniers, un système de récupération des eaux de pluie, une orientation bioclimatique des bâtiments, des haies d'essences locales. Le PVC, les parpaings de béton et les bois exotiques sont interdits.

En haut : Au nord de Rennes, l'écoquartier d'Hédé-Bazouges présente vingt-deux maisons toutes différentes.

En bas : Ossature bois, enduits naturels, volets en bois… PVC et béton ont été interdits.

Économies d'eau, d'énergie, de déchets

Chaque logement est équipé de panneaux solaires thermiques. Les bâtiments visent la basse consommation. Quatre familles ont autoconstruit le leur. À l'arrivée, les performances écologiques sont meilleures que celles fixées par le cahier des charges. En revanche, Habitat 35, chargé de construire l'immeuble pour les logements sociaux, a utilisé des briques et du bois, mis en place une récupération des eaux de pluie pour les toilettes et les machines à laver, mais n'a pas installé de capteurs solaires… préférant le chauffage électrique. Une aberration : les maisons individuelles ont un coût de chauffage moindre !
En 2015, l'État a lancé une étude pour vérifier le fonctionnement de l'écoquartier. Les résultats sont appréciables : les maisons individuelles consomment 60 % d'énergie en moins que la moyenne, et les logements collectifs 40 %.
Du fait de la récupération des eaux de pluie, la consommation d'eau potable (16,9 mètres cubes par habitant et par an) est presque de moitié inférieure à celle du département.
L'écoquartier a produit sept fois moins de déchets que la moyenne nationale (35 kilogrammes par an et par habitant·e contre 250). Les éclairages publics ont été limités et les plages horaires de fonctionnement restreintes. Résultat : il ne consomme que 7,2 kilowattheures par personne et par an (contre 86 en moyenne au niveau national).
La plupart des foyers sont impliqués dans une association locale et ont contribué à la mise en place d'un bar associatif et d'un marché bio. Il y a des journées collectives, par exemple pour le broyage des végétaux destinés au compost. À l'idée d'un jardin partagé, il a été préféré l'approvisionnement local auprès des paysans. Alors que la commune avait vu tous ses commerces fermer les uns après les autres, le mouvement s'inverse. Une coopérative alimentaire bio est mise en place, un boulanger s'installe… ■

PARIS
13e arr.
2007

375 logements

ÉCOZAC, PLACE DE RUNGIS.
DES PERFORMANCES TRÈS DISCRÈTES

En 2003, la mairie du 13e arrondissement de Paris annonce un projet d'aménagement à l'est de la place de Rungis, sur 3,8 hectares. L'association ÉcoZac fait pression pour qu'y soit développé un écoquartier comme à BedZED (Grande-Bretagne) et à Vauban (voir chapitre 5). Le 24 février 2007 a lieu une visite du quartier Vauban : élu·es et technicien·nes en reviennent impressionné·es. La mairie présente alors en mars 2007 un cahier des charges plus ambitieux : les 40 000 mètres carrés de bâtiments ne devront pas dépasser une consommation de 50 kilowattheures par mètre carré et par an, ils intégreront solaire thermique et photovoltaïque, récupération des eaux de pluie, les parkings seront limités à cent soixante-quinze places et enterrés avec des emplacements réservés à des voitures en autopartage, les déplacements intérieurs se feront uniquement à pied et à vélo autour d'un grand jardin de 5 000 mètres carrés... Cent quatre-vingts studios étudiants et cent vingt logements sont programmés. Un projet d'habitat groupé lancé en 2007 n'aboutit pas. En 2011, alors que le chantier est bien engagé, l'association ÉcoZac se dissout. Aujourd'hui, à part quelques panneaux explicatifs, rien ne laisse voir qu'il s'agit d'un écoquartier. ■

La résidence Annie Girardot, pour personnes âgées, de l'Écozac de la place de Rungis.

CONFLUENCE. LE TAPE-À-L'ŒIL OU COMMENT RATER UN ÉCOQUARTIER

RHÔNE
Lyon
2011

Environ 8000 personnes

Un monde sépare le quartier Vauban de Fribourg de celui de Confluence à Lyon, qui s'étale sur 150 hectares. Dans le premier, les habitant·es se déplacent à pied, à vélo, s'organisent pour consommer local et les enfants jouent dans des rues sans voitures. Dans l'autre, rien de tout cela. On prend sa voiture pour aller faire ses courses. Sous la pression du centre commercial, il a été ajouté un parking de mille places, lequel est source d'embouteillages. Les pistes cyclables le long du tramway sont trop étroites et dangereuses.

La Confluence se veut un site d'exposition des innovations technologiques signées de grands noms de l'architecture. Si certaines sont intéressantes pour améliorer la performance énergétique des logements, elles conduisent à une perte d'autonomie des habitant·es à cause de la gestion centralisée. Le seul immeuble à énergie positive, dénommé Hikari, est l'objet d'un interminable procès, les performances n'étant pas au rendez-vous.

Outil de communication des équipes municipales depuis 1995, ce quartier n'a quasiment aucun rapport avec l'écologie. ■

Depuis 1995, le quartier Confluence sert de lieu d'expérimentation aux « grands noms » de l'architecture… sans quasiment aucun rapport avec l'écologie.

LES ÉCOVILLAGES ET ÉCOHAMEAUX EN MILIEU RURAL

7

Si, à l'étranger, certains écovillages réunissent parfois plusieurs centaines d'habitant·es, en France, cela n'existe pas. Seules les coopératives de Longo Maï fédèrent, dans un projet rural, écologique et politique, plus de cent personnes. Les autres habitats groupés ruraux ne rassemblent souvent qu'une vingtaine d'individus, parfois moins. C'est pourquoi il vaut mieux parler d'écohameaux.

Un dortoir pour les stagiaires de la communauté de l'Arche de La Borie Noble, dans l'Hérault.

Ceux-ci sont très écologiques en ce qui concerne les constructions et l'autonomie alimentaire, avec souvent une grande attention portée à la beauté des lieux. Toutefois, le choix de s'installer en dehors des villages existants a un réel inconvénient : la distance avec les commerces, les écoles et les services entraîne un recours important à la voiture, ce qui annule en partie les efforts faits par ailleurs pour diminuer son empreinte écologique.

Lors d'une rencontre avec un maire écologiste d'un petit village de l'Ariège, celui-ci s'interrogeait : faut-il mieux créer des écovillages ou rendre écologiques les villages existants? Dans quelle mesure a-t-on besoin de se regrouper par affinité pour faire avancer les idées sociales de coopération et du respect de la planète? Ce débat sur l'ouverture à l'ensemble de la population reste présent dans toutes les initiatives.

DRÔME
Taulignan
1977
40 personnes

LE BÉAL. UNE COMMUNAUTÉ HEUREUSE AUTOUR DU HANDICAP

Dans la Drôme provençale, à Taulignan, une expérience d'accueil familial de personnes en situation de handicap est une formidable réussite. Mais les contraintes administratives en font aujourd'hui une initiative unique car difficilement reproductible.

Le foyer de vie Le Béal est né en 1977 dans une ancienne filature de soie, et s'inspire des expériences des communautés Camphill dont il fait partie. Vingt-trois adultes handicapé·es y vivent dans des conditions exceptionnelles.

Le mouvement Camphill

Camphill a été fondé en Écosse en 1939, à l'aube de la deuxième guerre mondiale, par le docteur Karl König et un groupe de jeunes médecins, pédagogues et artistes réfugié·es d'Autriche, adeptes de la mouvance anthroposophique de Rudolf Steiner (présenté dans Fontaine-Daniel, chapitre 1). Leur but était de rechercher des formes sociales et thérapeutiques nouvelles pour répondre aux besoins d'enfants, d'adolescent·es et d'adultes en situation de handicap.

Le mouvement comprend aujourd'hui près d'une centaine d'institutions communautaires indépendantes dans le monde, dont environ la moitié en Grande-Bretagne. Ces institutions sont formées de familles d'éducateurs et d'éducatrices qui partagent leur vie avec les personnes accueillies.

Au Béal, cinq familles accueillent une vingtaine de «compagnes» et «compagnons». Il s'agit «d'un accompagnement mutuel porté par un geste fondamentalement humain : celui de pouvoir donner et recevoir». De jeunes volontaires venant de toute l'Europe sont aussi accueilli·es et en retirent une expérience très profonde.

L'art et à la culture ont une grande importance car ils sont considérés comme moyens de vivre ensemble. Ici, au Béal, a été construite une grande salle où l'on organise des fêtes et fait du théâtre, de la gymnastique, des spectacles pour l'extérieur, des ateliers artistiques.

Aux côtés de ces activités, les fermes pratiquent l'agriculture biodynamique. Celle-ci permet d'être en lien avec la nature, ce qui est très bénéfique, et assure également une certaine autosuffisance des familles. Un atelier de transformation rend possible la vente de quelques produits, un moyen de tisser des passerelles avec le voisinage et d'éviter d'être trop isolés.

Le Béal se présente comme un lieu de vie cherchant à favoriser l'autogestion et l'interdépendance entre tous les adultes. «Chaque compagne et compagnon participe aux tâches domestiques dans sa famille et s'implique dans un projet personnel au sein de la ferme.» Les repas sont préparés en commun.

Ci-contre : Au Béal, une salle de spectacles est décorée avec de nombreux dessins. Le mouvement Camphill, autour de l'accompagnement des personnes en situation de handicap, attache une grande importance à l'art et à la culture comme moyens de vivre ensemble.

Page 162 : Une allée d'arbres centenaires accueille les visiteurs et les visiteuses.

Page 163 : Le centre a mis en place une culture de plantes aromatiques. Ce jour-ci, c'est la récolte de la lavande.

À l'origine du Béal

En 1973, après quatorze années d'accueil familial de personnes handicapées dans les Alpes-de-Haute-Provence, Richard et Margaret Hediger découvrent Taulignan et achètent Le Béal. Ils redonnent vie à ces vieux murs et créent une ferme biodynamique avec leurs ami·es handicapé·es.

Gilles, architecte en Belgique, y fait un stage. Enthousiasmé par cette expérience, il part faire une formation de trois ans dans les communautés Camphill en Écosse, où il rencontre Angela, ainsi qu'Hubert, Tina et leurs enfants, et Jacqueline. Ils viennent habiter au Béal. Andréas Tirler, qui a créé l'atelier de transformation, arrive aussi très tôt au Béal, suivi quelques années plus tard de Joël et Hélène, de Philippe, Régine et leurs enfants. En 1977, Richard et Margaret prennent leur retraite. C'est alors que toutes ces personnes mettent en place le lieu collectif que l'on peut voir aujourd'hui.

Les démarches administratives permettent après trois années d'obtenir le statut de « foyer de vie », une forme administrative plus légère que les établissement et service d'aide par le travail (ESAT). Ceci dans le cadre des innovations sociales. Au départ, l'expérience est encadrée par un institut médico-éducatif local. En décembre 1980, à l'unanimité, les représentants des administrations concernées leur accordent leur indépendance et leur confiance. « Depuis, les relations avec les administrations drômoises ont toujours été constructives. »

La formation d'architecte de Gilles va aider à la rénovation harmonieuse des lieux. Des chantiers se succèdent année après année. Le bâtiment principal en pierre, un austère moulinage de soie, est rénové avec la pose de balcons en bois. D'autres bâtiments sont adaptés pour accueillir les familles élargies, chacune d'elles comportant environ une douzaine de personnes : les parents, les enfants, les compagnes et compagnons et de jeunes volontaires. Des salles communes sont mises en place pour les différentes activités. Enfin, à l'extérieur, tout un travail est fait sur le paysage, notamment une plantation importante de haies avec des espèces très diversifiées. Au fil des années ont été installés une phytoépuration, des panneaux photovoltaïques, une chaudière à bois déchiqueté... Le résultat est d'une grande beauté.

Le bâtiment principal en pierre, un austère moulinage de soie, a été rénové avec la pose de balcons en bois.

Vivre avec les compagnes et compagnons

Vivre en familles élargies permet de développer une autre vision du handicap. Pour donner un exemple, les enfants qui ont grandi au Béal ont souvent découvert – par les copains et copines d'école – assez tard, vers 9 ou 10 ans, que leurs grands frères et grandes sœurs étaient perçu·es de l'extérieur comme des personnes « anormales » ou « folles ». Elles et eux ne l'avaient pas ressenti ainsi.

Vers 2000, alors que plusieurs habitant·es approchent de la retraite, il y a un doute sur la possibilité de trouver de nouvelles familles pour les remplacer.

Les différentes familles, et les activités, se répartissent dans les bâtiments disséminés autour du bâtiment principal.

Le bâti ancien a été conservé autant que possible. Ici, l'entrée d'une des salles de conditionnement des plantes aromatiques.

Des règles plus professionnelles sont alors adoptées : tout le monde aura désormais des horaires fixes, avec des plannings clairement affichés, des fiches de paie. Les règles de sécurité sont renforcées. L'encadrement de vingt-trois compagnes et compagnons correspond à vingt-trois équivalents temps plein. « Sont alors embauchées des personnes qui travaillent ici mais ne vivent pas sur place. Ce recours à des personnes extérieures a permis aux familles de moins être impliquées : moins d'encadrement la journée, moins de veille de nuit, moins d'accompagnement pour des activités à l'extérieur, plus de possibilités de s'absenter. »

En 2013, une nouvelle direction est mise en place. Célia De Barros est embauchée. Elle était déjà intervenue sur place comme consultante qualité. Elle est secondée par un poste de comptable et un autre de secrétariat. Chaque famille dispose d'une place au conseil d'administration.

Berthe, une Allemande venue comme stagiaire, a continué son apprentissage en allant se former, elle aussi, en Écosse, avant de venir s'installer sur place, avec son mari polonais et leurs trois enfants.

Celui-ci a pris la place d'Andréas à l'atelier de confitures dans un premier temps. Puis cette activité a été remplacée par un atelier de plantes aromatiques. « Ce changement d'activité a été décidé du fait du vieillissement des compagnes et compagnons, le travail étant moins physique [...] La production de fruits provoquait un pic de production important avec toutes les récoltes en même temps. Les plantes aromatiques permettent une meilleure répartition du travail sur l'année. »

Un projet non reproductible?

Du fait du nombre restreint d'installations de nouvelles familles, il n'y a presque pas d'accueil de nouvelles personnes. Le Béal est sollicité par un très grand nombre de familles qui cherchent des alternatives au placement en institution de personnes handicapées adultes. « L'idéal serait que Le Béal serve de modèle pour la création d'autres lieux du même genre, mais les conditions administratives et la société ont changé. » Autour de 1975, date des premières lois définissant clairement le statut de la personne handicapée, de nombreux lieux de vie s'ouvrent dans le cadre des innovations sociales. Aujourd'hui, les réglementations administratives se sont complexifiées à un tel point que vouloir démarrer un tel projet sur une base collective est extrêmement difficile. Le Béal a été en lien avec plusieurs groupes de parents qui cherchaient à impulser d'autres lieux, mais qui y ont renoncé.

Les « parents » fondateurs du Béal sont aujourd'hui tous partis à la retraite, le dernier, Andréas, en 2020. Les familles ont su se renouveler et l'ambiance reste toujours aussi agréable... sans aucune comparaison avec celle des instituts spécialisés. ■

En haut : Andréas pendant la coupe d'un champ de lavandes.

En bas à gauche : Célia de Barros, nouvelle directrice du Béal.

En bas à droite : Berthe, allemande, et son mari polonais, sont venus s'installer en 2020 comme famille d'accueil au Béal.

HÉRAULT ET ISÈRE

Plateau du Larzac, Saint-Antoine-l'Abbaye

1948

50 personnes

En haut : Les bâtiments majestueux de La Borie Noble, communauté de vie autour des valeurs de la non-violence telle que pratiquée par Gandhi.

En bas : Deux compagnes et un compagnon des Communautés de l'Arche de l'Hérault.

COMMUNAUTÉS DE L'ARCHE. VIVRE SIMPLEMENT POUR QUE D'AUTRES PUISSENT SIMPLEMENT VIVRE

Les communautés de l'Arche sont nées à la fin des années 1940, s'inspirant de la démarche de Gandhi en Inde. Il s'agissait de construire et de vivre un autre modèle de société, basé sur la non-violence.

L'engagement des membres de ces communautés pour défendre la dignité des personnes, le respect de la terre et de la vie a été constant : contre les tortures en Algérie, contre le nucléaire civil et militaire, pour les paysans du Larzac, et plus récemment, contre les OGM avec les Faucheuses et faucheurs volontaires, contre l'installation d'éoliennes industrielles. Deux communautés sont voisines au sud du plateau du Larzac où l'implantation dans d'anciennes fermes date de 1962. Une troisième est installée à Saint-Antoine-l'Abbaye depuis 1987, dans d'anciens bâtiments religieux. Y vivent des couples engagés, des «postulant·es» et des «stagiaires». Les premiers ont fait des vœux similaires à ceux pratiqués en religion. Les deuxièmes sont en phase d'installation. Les troisièmes, les stagiaires, sont là pour des séjours plus ou moins longs, sans forcément avoir pour but de s'y installer durablement.

Sobriété et non-violence

Ces communautés mettent beaucoup en commun et notamment l'argent, la propriété... Cela va plus loin que l'habitat partagé.
Les différentes communautés n'ont pas le même rapport à la sobriété. À Saint-Antoine-l'Abbaye, les photocopieuses et internet sont arrivés plus tôt. Dans l'Hérault, l'électricité n'a été installée qu'en 2006. La recherche d'autonomie est très poussée. Les repas de midi sont collectifs et végétariens. Les autres se prennent en famille.
Chaque communauté a un grand potager bio, un peu d'élevage (vaches pour le lait, poules pour les œufs). Les stages organisés sur place, et la vente de produits bios et de poteries sur les marchés, couvrent les frais de fonctionnement.
L'Arche était pionnière dans le domaine de l'écologie dès les années 1950. «L'écologie, la solidarité et la sobriété sont les trois pieds du rouet de Gandhi pour notre époque.»
Des débats ont lieu entre deux formes de non-violence : la première est tournée vers l'action militante, alors que la seconde se penche sur l'éducation et les relations interpersonnelles. De fait, cette deuxième est la plus constante, plus humble, mais ne donne pas de visibilité au mouvement. Pour y remédier, la communauté de Saint-Antoine a mis en place le programme Formation et expérimentation au vivre-ensemble (Fève), qui permet à des jeunes de prendre conscience de l'intérêt des démarches collectives, de la vie dans un lieu collectif, de la mise en place de leur propre projet collectif. ■

ALPES-DE-HAUTE-PROVENCE
Limans
1973

120 personnes (à Limans)

Le dimanche soir, à Longo Maï, une réunion collective se tient à la fin du dîner. Pendant les débats, une feuille circule pour l'inscription à la préparation des tâches collectives de la semaine suivante.

LONGO MAÏ. UNE DÉMARCHE ANTICAPITALISTE QUI DURE DEPUIS LONGTEMPS

Les coopératives de Longo Maï se veulent des îlots de résistance aux dérives du capitalisme. Elles ont pour point commun d'agir pour la liberté de circuler des personnes. Les activités artisanales qu'elles développent permettent une autonomie et offrent à chaque personne une certaine liberté pour des activités extérieures au collectif.

À Grange-Neuve, la première des coopératives créée en 1973, la réunion hebdomadaire se tient le dimanche soir. Après un repas collectif, une participante ouvre une boîte dans laquelle les personnes qui le souhaitent ont mis un papier annonçant le sujet qu'elles veulent aborder. Les prises de parole sont brèves. Jeunes et moins jeunes, hommes et femmes, on ne perçoit pas de hiérarchie. Au bout d'une heure et demie, la boîte est vide et la séance est levée. « Quand un sujet partage le groupe ou nécessite une étude préalable, une commission spécifique est programmée pour en débattre. »

Un lieu actif connecté au monde

Outre des logements aménagés dans d'anciens bâtiments de ferme ou construits en pierre, il y a un atelier de menuiserie très professionnel, des écuries avec des chevaux de trait, des serres, deux grands potagers, des vergers. Un gîte accueille les parents, les ami·es, mais sert également de salle d'accouchement. Les espaces privés restent de taille modeste. Des négociations avec la commune de Limans ont permis de légaliser les constructions sauvages des années 1980.
Tout en haut se trouvent les locaux de Radio Zinzine, une radio qui émet depuis la fin des années 1970, et qui aujourd'hui peut être entendue dans toute la région et partout en passant par internet.
L'impression d'une intense activité menée par des personnes qui gèrent librement leur travail se dégage des lieux. C'est le résultat d'une démarche collective qui s'est perfectionnée au cours d'une quarantaine d'années !
Les coopératives de Longo Maï, cinq en France, une en Suisse, une en Allemagne, une en Autriche, une en Ukraine, une au Costa Rica, sont ouvertes à l'extérieur à travers la commercialisation des produits de leur filature (tissus, vêtements), de leur herboristerie et de l'animation de plusieurs médias papier. Tout cela couvre la moitié des besoins financiers. L'autre moitié provient d'activités militantes, en particulier le travail de soutien aux réfugié·es qui bénéficie de subventions.
Les fermes de Longo Maï sont devenues un modèle pour celles et ceux qui désirent un mode de vie alternatif. ■

ROONEY
8

VOSGES
Hennezel
1989
12 personnes

ÉCOLONIE. ÉCOLOGIE, CRÉATIVITÉ, PARTAGE ET SPIRITUALITÉ

Dans les années 1980, un groupe d'écologistes néerlandais élabore un projet de ville alternative. Le prix du foncier étant trop élevé dans son pays, il cherche à s'installer en France. En 1989, il trouve une ancienne colonie de vacances en vente, avec 6 hectares de terrain, une maison bourgeoise, quelques bâtiments annexes et des préfabriqués qui servaient de dortoir à deux cent quarante enfants.
Sous la forme de société civile immobilière, le groupe l'achète pour une somme modique (40 000 euros) et loue l'ensemble à une association. La maison bourgeoise devient maison d'accueil avec au rez-de-chaussée salle à manger, réception, magasin bio, et aux étages une douzaine de chambres. Les autres bâtiments et un camping sont aménagés progressivement. Potagers, maraîchage (2 hectares), production de semences, plantes médicinales, vergers, couvrent 90 % des besoins. Plusieurs gîtes sont construits en bois paille et enduit à l'argile.
En 2005, une ferme de 26 hectares est achetée, où sont élevées chèvres puis brebis. Une conserverie permet de répartir les récoltes sur l'année, quelques excédents sont vendus localement. Le lieu est bio et végétarien. En été, il peut y avoir jusqu'à deux cents personnes. ■

Écolonie essaie d'être le plus autonome possible. Le maraîchage et l'élevage permettent de couvrir 90 % des besoins alimentaires… alors qu'en été, il peut y avoir jusqu'à deux cents personnes.

HAMEAU DE LA BROUSSE. ART ET CULTURE DE CONCERT AVEC L'ÉCOLOGIE

CHARENTE
Sers
1992

26 personnes

Michel Gayout, directeur artistique, et Hélène Le Cheviller, graphiste, vivaient à Paris sur une péniche. En décembre 1992, ils découvrent en Charente le hameau de la Brousse, un lieu magique : plusieurs maisons perchées au flanc d'une colline, surplombant des espaces troglodytes. Ils décident de s'y installer.

Le prix représente le tiers de la vente de la péniche, ce qui laisse un budget pour des travaux. Les premiers consistent à rendre habitables quelques maisons. D'autres bâtiments sont transformés en ateliers, en chambres d'hôtes. Une grande salle de 150 mètres carrés permet stages et réunions. Plus de 1000 mètres carrés de surface habitable sont restaurés. Tout un travail a été fait pour favoriser les économies d'énergie, le jardin est cultivé en bio, le paysage est modifié en douceur. L'aménagement intérieur utilise des matériaux de récupération.

Enfin, cerise sur le hameau, le silence! Le hameau est uniquement piéton. Il n'y a aucune télévision. Si vous entendez de la musique, c'est qu'il y a vraiment un musicien!

Les chambres d'hôtes sont devenues des appartements et vingt-six personnes habitent sur place, dont huit artistes. ■

Deux fois par an, le Hameau de la Brousse organise une journée artistique avec de nombreu·ses artistes invité·es. La grande salle commune devient alors une ruche pour assurer les repas.

ARDÈCHE
Berrias
2003
20 logements

HAMEAU DES BUIS. UN VILLAGE ARDÉCHOIS ÉCOLOGIQUE

En 1999, Sophie Rabhi lance, avec son compagnon Laurent Bouquet, la Ferme des enfants, une ferme pédagogique. Pour en limiter les frais, elle propose de construire à côté un écovillage de seniors afin de développer une dynamique intergénérationnelle et soutenir financièrement la ferme.
En 2003, un terrain est trouvé. Une société civile se lance alors dans la construction d'un hameau d'une vingtaine de logements écologiques (1200 mètres carrés habitables). Mille cinq cents bénévoles participent au chantier.
Les maisons sont en ossature bois et isolation terre-paille. Les toits sont végétalisés. De grandes baies orientées au sud permettent de bénéficier des apports solaires en hiver. Les habitations sont proches, comme dans un village ardéchois, seuls des sentiers permettent de circuler entre elles. Le chauffage est au bois. En 2008, la Ferme des enfants s'installe sur place, bénéficiant du prêt d'un ancien mas et de terrains. L'ensemble est terminé en 2011, avec seize maisons qui vont du T1 au T3 et un petit immeuble collectif avec quatre T3 pour des familles. Le montage financier complexe est à la source d'un important conflit qui provoque en 2021 le départ de la ferme pédagogique et du couple fondateur. ■

Le Hameau des Buis regroupe une vingtaine de logements séparés par des ruelles uniquement piétonnes afin de favoriser les rencontres.

CHEMINS DE VIE. VIEILLIR ENSEMBLE ET EN MUSIQUE

ALLIER
Saint-Menoux
2010
15 personnes

Lancé par deux retraitées en 2006, un habitat groupé s'est concrétisé en 2010 à Saint-Menoux. Situé au cœur du village, le petit immeuble de deux étages abrite treize appartements (de 38 à 60 mètres carrés).

En commun, il y a deux salles de bains, quatre chambres d'ami·es, une buanderie, des zones de rangements. À l'entrée, une vaste salle, exposée plein sud, peut recevoir jusqu'à une cinquantaine de personnes. S'y tiennent notamment des concerts, car tout le monde joue d'un instrument.

La construction est très écologique : briques isolantes pour les murs extérieurs, briques de terre banchée pour les cloisons internes, chauffe-eau solaire intégré dans la toiture, chaudière à granulés de bois, isolation en laine de bois, récupération des eaux de pluie, etc.

Les apports personnels et les prêts d'ami·es ont permis l'achat du terrain et la réalisation du gros œuvre, mais il a fallu un emprunt de 750 000 euros pour financer la fin du chantier.

Le projet a réussi à être intergénérationnel : deux papas et leurs enfants ont rejoint le lieu.

Le bâtiment appartient à une association. Il n'y a pas de propriété privée. ■

À Chemins de vie, au départ pensé pour des personnes âgées, les appartements du premier étage sont pour les personnes les plus vaillantes. Celles qui ont des difficultés pour se déplacer logent au rez-de-chaussée, de plain-pied avec le jardin. Situé en cœur de village, tous les commerces sont à deux pas.

L'HABITAT GROUPÉ EN VILLE

8

Après la vague de construction du Mouvement de l'habitat groupé autogéré qui a suivi Mai 1968 en s'inspirant des idées d'autogestion de l'époque (voir chapitre 4), une nouvelle dynamique se lance au début des années 2000 avec cette fois, clairement, l'idée de mettre en pratique des objectifs écologiques. Sur le plan social, ces nouvelles initiatives vont s'inspirer des expériences plus anciennes pour ce qui est de la gouvernance, du montage de projet, du financement, etc.

Le plus souvent, il s'agit d'immeubles neufs, construits avec des matériaux sains, économes en énergie. Cela se fait parfois dans le cadre de l'apparition d'un nouveau quartier. Là encore, le quartier Vauban a été une source importante d'inspiration. Il y a aussi des réhabilitations de bâtiments existants : c'est très économe en matériaux ainsi qu'en émissions de gaz à effet de serre et évite l'étalement urbain, mais complique les objectifs d'économie d'énergie.

Comme nous l'avons vu, l'habitat coopératif en France a été freiné par la loi Chalandon de 1971. En 2014, la loi Alur a rendu les démarches plus souples. Nous nous arrêtons dans ce livre aux projets élaborés avant cette loi car, avec les délais de construction de plusieurs années, les initiatives postérieures à ce nouveau cadre juridique ne commencent que tout juste à se concrétiser.

Abricoop, à Toulouse, dispose d'une grande terrasse commune sur les toits.

GERS

Auch

2013

15 logements

LA CONVENTION. RÉNOVER UN MONASTÈRE POUR Y VIVRE ENSEMBLE

La ville d'Auch est bâtie sur un promontoire duquel descendent des « pousterles », des escaliers bien raides, qui permettent de rejoindre la basse-ville sur les bords du Gers. C'est entre deux de ces pousterles que se trouve le bâtiment de la Convention, un ancien monastère du XVIIe siècle, avec 1 800 mètres carrés habitables sur un terrain de près de 3 000 mètres carrés.

Le monastère des Pénitents blancs a été inauguré en 1612. Le bâtiment a eu divers usages jusqu'à celui d'école privée puis d'institut médico-éducatif. En 2007, il est mis en vente, le lieu n'étant plus aux normes pour accueillir des enfants. Il va rester vide pendant six ans et le prix de vente, initialement fixé à un million d'euros, sera sans cesse revu à la baisse. Sa situation dans un quartier fait de ruelles et d'escaliers rend le site trop complexe pour des promoteurs.

En 2013, Frédéric et Sylvie cherchent un appartement en ville pour limiter l'usage de la voiture. Une agence leur parle de la Convention… dont le prix a chuté à moins de 300 000 euros, mais en très mauvais état et difficile à aménager. Ils imaginent tout de suite un projet collectif et invitent des ami·es à venir visiter les lieux. « C'est le coup de foudre ! » Il y a deux immeubles de quatre et cinq étages séparés par un escalier majestueux sous arcades.

Très vite, une trentaine d'individus se retrouvent autour de l'idée d'acheter le lieu. Après de multiples discussions (soixante-dix réunions en deux ans), un groupe de réflexion de huit personnes se constitue pour réfléchir à la faisabilité d'un achat collectif à trente.

La rédaction d'une charte est coordonnée par Manu, un instituteur. Celle-ci prévoit une égalité de pouvoir de décision entre tous les habitant·es, enfants compris·es. Après de longues discussions autour des questions juridiques, c'est finalement sous la forme d'une copropriété que le collectif achète l'ancien monastère en 2014. Les parties communes sont intégrées à la copropriété sur la base des tantièmes. Ainsi, chaque logement paie les frais communs proportionnellement à sa surface. La charte reste la base du fonctionnement et jusqu'à maintenant les décisions ont toutes été prises au consensus. En cas de blocage, les règles de copropriété peuvent servir de roue de secours.

Ci-contre : La Convention, un ancien monastère, dispose de 15 logements répartis dans deux petits immeubles séparés par un escalier majestueux.

Pages 182 et 183 : La forte pente permet d'avoir des appartements bien ensoleillés et de vastes terrasses à chaque niveau. Certaines d'entre elles sont même cultivables.

Une restauration complexe misant sur la récupération

Le groupe initial finance alors une première étude ayant pour but de montrer la faisabilité du projet, puis coopte les autres habitant·es. Le collectif s'accorde sur l'idée de profiter de l'existant et donc de détruire au minimum. Un bâtiment sur terrasse est enlevé pour mieux faire pénétrer la lumière dans le bâtiment principal (150 mètres cubes de gravats à évacuer par les escaliers).

En haut : Stéphanie Leloup, chorégraphe et Nicolas Bachet, architecte.

En bas à gauche : Frédéric Rouzies, l'un des initiateurs du projet.

En bas à droite : Jean-Marc Jourdain, l'un des architectes, spécialiste de la rénovation et de la construction de lieux collectifs.

Pages 186 : La rénovation, dans un quartier historique, a quand même permis la mise en place d'éléments contemporains.

Page 187 : En haut, la Convention vu du bord du Gers. Ce sont les deux immeubles les plus hauts à gauche et tous les arbres entre les deux, arbres présents sur les terrasses. En bas, deux des terrasses.

Ce sont finalement quinze appartements de 50 à 200 mètres carrés (dont deux dans l'ancienne chapelle) qui voient le jour, ainsi qu'une salle commune de 180 mètres carrés (l'ancien gymnase de l'école) avec une cour, un garage à vélo, un grand atelier collectif mais aussi un bureau d'architectes (celui des trois concepteurs de la rénovation). Au départ, il était prévu de réserver une partie de l'espace à des chambres d'ami·es, mais cela compliquait trop les questions financières. D'autres idées ont disparu, comme celles d'une buanderie (freiné par les très nombreux niveaux) et d'un chauffage collectifs (difficile à mettre en place).
Malgré la constitution du collectif par relations militantes, on a une certaine hétérogénéité des âges (les adultes ont de 35 à 60 ans et les jeunes de 6 mois à 20 ans) et du niveau social (de chômeurs à cadres supérieur·es, artisan·es, professions libérales, fonctionnaires, artistes, etc.). Le choix a été fait d'accueillir plusieurs familles monoparentales et de louer trois appartements. Depuis le début, l'un d'eux a été revendu et un locataire a changé. La modestie des coûts a permis à des personnes à faibles revenus d'entrer dans le projet : douze appartements ont bénéficié des aides de l'Agence nationale de l'habitat (Anah). Celle-ci a pris en charge jusqu'à 50 % des travaux de rénovation thermique.
Il y a trois architectes dans le collectif. Cela explique la rapidité de la réalisation. Le plus âgé, Jean-Marc Jourdain, a de nombreuses rénovations à son actif. Il est très actif dans la promotion des habitats alternatifs et est intervenu à Emmaüs Lescar-Pau (voir chapitre 9). Il a pris en charge la coordination du chantier pour les parties collectives et est agréé par les Bâtiments de France, ce qui a aidé pour les démarches dans ce quartier classé historique. Futur habitant, il n'a par contre pas voulu être maître d'œuvre dans les logements de chacun·e pour éviter de possibles tensions. Il a cherché à recycler au maximum les matériaux et tout le monde a participé aux chantiers pour en faire baisser les coûts.
Ces travaux collectifs de gros œuvre ont coûté 250000 euros; grâce à cela, Manu a, par exemple, pu obtenir un duplex de 70 mètres carrés avec jardin pour un prix de 30000 euros seulement. Loïc, lui, a acheté un lot de 127 mètres carrés au niveau de la rue pour 41000 euros. À ce faible prix, il faut ensuite ajouter celui de l'aménagement intérieur de chaque logement, plus ou moins élevé selon le degré d'autoconstruction. Ce montage financier collectif s'est avéré très avantageux : 90 % des habitant·es n'auraient pas pu acheter autrement. En cas de revente, elles et ils se sont engagé·es à ce que le prix corresponde à leurs dépenses de réalisation et non au prix du marché.

Un équilibre entre vie privée et implication collective

Une fois tout le monde installé, les activités collectives restent régulières et importantes : les rendez-vous de réflexion sur le fonctionnement de la communauté, les vacances ensemble organisées à l'initiative des enfants, les journées Minga (une journée par mois où l'on fait des travaux collectifs), une fête annuelle et, à l'initiative de qui veut, pas mal de repas en commun. Congélateurs, jardin de ville, compost, groupements d'achat et de matériel sont gérés collectivement.

STOP PUB
STOP PUB

En 2018, le collectif a été invité à présenter le lieu dans le pavillon français de la Biennale d'architecture de Venise, avec dix autres lieux. L'occasion pour ses membres d'y aller tou·tes ensemble, à trente dans un bus. Cela a permis une rencontre avec d'autres collectifs français ou étrangers et de faire découvrir la Cité des Doges aux enfants.

Le passage du projet à la réalisation a été rapide (moins de deux ans), peu coûteux et, grâce à la récupération, la réutilisation, l'autoconstruction, très écologique. Une démarche exemplaire qui permet de rappeler qu'il ne faut pas négliger la restauration d'anciens bâtiments en centre-ville, avant de faire le choix de constructions neuves souvent excentrées. Une réflexion menée par l'avant-garde des architectes va même plus loin, prônant la limitation du neuf au profit du principe de réhabilitation de bâtiments existants pour des raisons écologiques. ■

En haut : Le vaste appartement de Jean-Marc Jourdain. Toutes les fenêtres proviennent de récupérations.

En bas : Les boîtes aux lettres de l'ensemble des appartements.

BAS-RHIN
Strasbourg
2010
11 logements

ÉCO-LOGIS. BASSE CONSOMMATION ET TRANSITION

Éco-Logis a été initié par Éco-Quartier, association qui a vu le jour suite à une visite du quartier Vauban (voir chapitre 5), en octobre 1999. L'association achète un terrain de 1700 mètres carrés à la ville en 2007 via une société civile immobilière, et les premier·es occupant·es s'installent dans le bâtiment en 2010. En tout, dix familles pour onze logements y habitent et se partagent six voitures.
L'architecte allemand, Michael Gies, avait été choisi pour avoir construit deux habitats groupés (*baugruppen*) et un immeuble expérimental à Vauban.
La surface habitable est de 1294 mètres carrés, entre rez-de-chaussée et trois étages. Les parties collectives? Une salle des fêtes, une chambre d'ami·es, une buanderie, un atelier, des caves et un beau jardin qui longe les voies du tramway. Les appartements sont desservis par des coursives en façade nord. Tous sont traversants avec balcons ou terrasses au sud. La structure est entièrement en bois, isolée en laine de bois, et 20 mètres carrés de capteurs solaires assurent 60 % de l'eau chaude sanitaire.
Avec un coût total de 2,9 millions d'euros, le mètre carré reste inférieur à 3000 euros, proche du prix du marché. ■

La façade d'Éco-Logis donnant sur la voie de tramway. À gauche, l'escalier placé sur la façade nord dessert des coursives qui surplombent un jardin.

LES BABAYAGAS. FORTE RENOMMÉE, MAIS COLLECTIF EN DIFFICULTÉ

SEINE-SAINT-DENIS
Montreuil
2012
25 logements

Des militantes de la Maison des femmes de Montreuil, présidée par Thérèse Clerc, lancent en mai 1999 l'association La maison des Babayagas, pour concrétiser un projet de maison de retraite pour femmes dans un esprit solidaire, autogéré, citoyen et écologique. En 2003, la commune de Montreuil leur donne un terrain, mais le permis de construire n'est accordé qu'en avril 2010 à cause de difficultés administratives.

Le terrain de 523 mètres carrés se trouve proche de la mairie, des commerces, du cinéma et du théâtre. Le bâtiment présente deux parties, une avec six étages, l'autre quatre. Outre une surface habitable de 863 mètres carrés divisée en vingt-cinq studios indépendants de 26 à 43 mètres carrés, quelques-uns avec balcon, la structure compte des parties communes, un jardin et aucun parking.

L'immeuble est basse consommation (moins de 65 kilowattheures par mètre carré et par an). 63 mètres carrés de panneaux photovoltaïques sont installés en toiture, une importante isolation est faite par l'extérieur, l'eau de pluie est récupérée pour l'arrosage du jardin.

Les premières locataires entrent dans les murs en octobre 2012. Elles ont alors entre 65 et 85 ans. Et l'aventure continue... au ralenti du fait de plusieurs conflits en interne. ■

Le pari politique des Babayagas n'a pas résisté au vieillissement des militantes des débuts. Aujourd'hui, beaucoup y vivent comme dans un immeuble lambda. L'histoire de ce lieu a nourri le débat sur le vieillir ensemble.

HAUTE-GARONNE
Toulouse
2017

17 logements

En haut : Abricoop, à Toulouse, présente une façade sur rue très contemporaine. Cet habitat collectif fait partie d'un îlot avec trois autres bâtiments, et certaines parties communes (bureaux, salles de réunions) sont partagées entre les quatre immeubles.

En bas : Les appartements du rez-de-chaussée disposent d'une terrasse et d'un petit jardin.

ABRICOOP. UN COLLECTIF QUI ASSOCIE ÉCOLOGIE ET SOLIDARITÉ

Abricoop, avec dix-sept appartements, est habité depuis fin 2017. L'immeuble fait partie d'un ensemble de quatre bâtiments (quatre-vingt-sept logements en tout) qui se partagent une cour et une salle commune. Le tout dans un ancien quartier industriel relié au centre par le tramway.

Tout a commencé en 2008, quand l'association La Jeune Pousse lance l'idée d'une coopérative d'habitant·es. En 2013, Toulouse Métropole réserve un terrain pour l'habitat participatif dans le futur écoquartier de la Cartoucherie. La candidature de La Jeune Pousse est retenue. Sur dix-sept logements, sept sont réservés aux seniors. Il y a quatre familles (dix enfants au total) et six personnes seules. Trois foyers ont suivi l'ensemble de la démarche. Plusieurs personnes sont parties après le choix de la parcelle, l'écoquartier sur une zone polluée posant un réel problème et étant ressenti comme une pure communication de la ville.

Il n'y a pas eu d'autoconstruction, seulement des choix de conception de chaque logement et des espaces communs. Cela a permis d'avoir des logements adaptés, écologiques (matériaux sains, récupération des eaux de pluie et compostage des déchets organiques) et économes (proches du passif). L'immeuble comporte des appartements allant du T2 au T5. Sont communs dans l'immeuble : une salle polyvalente, une buanderie, trois chambres d'ami·es, des rangements, un local à vélo et un toit-terrasse.

Pour faire avancer le projet, La Jeune Pousse s'est organisée en quatre ateliers : technique (choix architecturaux et relations avec l'architecte), projet de vie (charte et règlement intérieur), communication (outils de communications interne et externe) et juridico-financier (statuts, relations avec la banque et répartition des redevances). Les décisions importantes sont prises au consensus lors d'assemblées hebdomadaires.

Un montage financier complexe

Les apports personnels couvrent 20 % du prix des appartements en moyenne. Les emprunts reposent sur la coopérative, qui est propriétaire de l'immeuble. Ainsi, que les locataires aient ou non la possibilité d'emprunter, elles et ils bénéficient d'une même qualité de logement et sont propriétaires seulement de parts sociales, au sein de la coopérative. Les loyers sont fixés en fonction de la surface des habitations, mais aussi des revenus. Les plus riches sont financièrement solidaires des plus pauvres.

Le projet a bénéficié de l'aide de structures professionnelles : les Chalets, bailleur social et maître d'ouvrage, Seuil architecture, architectes, et Habicoop, la fédération nationale des coopératives d'habitant·es. La présence d'appartements seniors a permis d'obtenir un prêt à taux zéro de la part de la Caisse d'assurance retraite et de la santé au travail (Carsat). ■

LE LOGEMENT SOCIAL GROUPÉ ET ÉCOLOGIQUE

9

L'habitat groupé et écologique peut-il être accessible à tous ou est-il réservé aux classes sociales les plus élevées ? Si certains projets regroupent effectivement plutôt des personnes aisées, ce n'est pas une généralité et l'éventail des revenus est large.

Les conditions d'accompagnement du logement social en France permettent en effet, en solo ou avec le soutien d'un bailleur social, de disposer de logements en fonction de ses revenus.

Comme un siècle plus tôt (chapitre 3), l'autoconstruction offre la possibilité de remplacer tout ou partie de l'argent par le travail et c'est notamment le cas dans plusieurs initiatives menées par des communautés d'Emmaüs.

Alors qu'aujourd'hui le pays connaît un déficit de logements sociaux et qu'arrivent en nombre des réfugié·es, les communes auraient tout intérêt à s'inspirer de ces démarches pour favoriser l'accès à un logement digne et peu coûteux. Selon la fondation Abbé Pierre, en 2024, plus de 4 millions de personnes sont mal logées en France. Ce ne sont pas les terrains ou les bâtiments à l'abandon qui manquent, mais un accompagnement légal pour les aménager.

La Coopérative d'habitant·es Village vertical à Villeurbanne occupe un tiers d'un immeuble de logements sociaux.

PYRÉNÉES-ATLANTIQUES
Lescar
1998

Environ 160 personnes

Ci-contre : Comme dans la plupart des Emmaüs, une vaste surface propose du matériel de recyclage.

Page 198 : Cette maison inversée est en fait un bloc sanitaire collectif.

Page 199 : Différentes maisons auto-construites du village Emmaüs Lescar-Pau.

VILLAGE EMMAÜS LESCAR-PAU. «SOYONS RÉALISTES, CONSTRUISONS L'UTOPIE!»

À l'ouest de Pau, le village alternatif d'Emmaüs Lescar-Pau est une réussite sur les plans économique, social et écologique. Un laboratoire où s'expérimente aujourd'hui la société solidaire de demain. L'originalité de cette communauté, c'est d'avoir mis en place un véritable village où vivent et travaillent cent soixante compagnes et compagnons.

Germain a été fortement influencé par la vie de Gandhi. De 1969 à 1982, il est actif dans plusieurs communautés d'Emmaüs (Périgueux, Bourg-en-Bresse) avant de décider d'en créer une dans sa région natale, à Pau. Il s'installe dans une ancienne usine désaffectée à Mirepeix, à vingt kilomètres au sud de Pau. En 1985, un magasin de 2000 mètres carrés est ouvert à Pau. En 1987, le maire de Lescar accepte leur installation sur un terrain agricole de 1,7 hectare en bordure de la ville. Un atelier de 1000 mètres carrés est transformé en magasin. Un bâtiment en dur est construit avec vingt-sept chambres individuelles et des sanitaires communs. Avec le temps, comme il y a de plus en plus de personnes à loger, des mobile-homes sont achetés d'occasion.
«Comme toutes les communautés Emmaüs, nous ne recevons aucune subvention : c'est le travail de récupération qui finance l'ensemble.» Ces communautés sont en principe apolitiques et non confessionnelles et sont censées accueillir tout le monde, sans distinction. Deux de ces principes ne sont pas respectés à Lescar-Pau. «Du fait de l'abondance des demandes et d'une place limitée, il y a un tri dans les admissions. Pour éviter de n'avoir que des sans-papiers qui vont disparaître dès que les démarches administratives seront débloquées, il est demandé aux arrivant·es de définir dans quel projet elles et ils vont s'investir sur les lieux.» Et concernant la politique, «Emmaüs Lescar-Pau a choisi de s'investir à fond dans la recherche d'alternatives au capitalisme, en étant présent dans la mouvance altermondialiste, en soutenant des campagnes de désobéissance comme celles des Faucheuses et faucheurs volontaires d'OGM ou d'Alternatiba, en organisant régulièrement des débats politiques avec des personnalités».

Une volonté d'ouverture vers l'extérieur

Les premiers engagements de la communauté prennent la forme de partenariats avec des pays d'Afrique, en particulier avec le Burkina Faso. Au départ, en 1992, à travers des concerts de soutien puis, à partir de 2008, un festival sur deux jours avec musique, stands associatifs et conférences-débats. « Ce festival a pu voir le jour grâce à la logistique du groupe toulousain Zebda qui s'y est fortement investi. »

La musique fait venir des jeunes et, à partir de 1995, des chantiers pour aider à l'aménagement du site se mettent en place. Ceux-ci sont ouverts à différents âges, des écolier·es du primaire aux étudiant·es. Les activités sont diverses : planter des arbres, installer une basse-cour, développer un atelier miel et construire des ruches, faire du maraîchage, entretenir et décorer les bâtiments (qui aujourd'hui comptent de nombreuses fresques)...

Une autre économie est possible

Une peinture du XVIIe siècle ? Une nature morte ? Seulement le rayon tapis du magasin de vente.

Les conférences d'Albert Jacquard, Pierre Rabhi ou encore José Bové incitent la communauté à passer à la vitesse supérieure. À partir de 2003, elle se lance dans la construction d'un véritable village alternatif, pour améliorer le confort et faire diminuer les frais de chauffage des mobile-homes (jusqu'à 800 euros d'électricité par mois en hiver). Dans un premier temps, le collectif achète plusieurs chalets préfabriqués en Pologne. Mais, à partir de 2007, la collaboration de bénévoles dotés de compétences dans le bâtiment permet aux compagnes et compagnons de construire leurs propres maisons – aujourd'hui une quarantaine. S'appuyant sur les textes définissant le droit au logement, Germain fait le choix de bâtir sans aucun permis de construire. « Chaque maison est différente. Elles ont une taille modeste : en principe 40 mètres carrés pour une personne seule, 70 mètres carrés pour un couple. La récupération est recherchée au maximum et au final le prix d'une maison revient à 40 000 euros. » La première maison passive, faite de paille et sans chauffage, est inaugurée en 2020. Les mobile homes n'ont pas disparu car, entre-temps, le nombre de personnes vivant sur place a augmenté.

En 2007, les premiers permis de construire sont déposés pour légaliser les parties ouvertes au public : les entrepôts, la déchetterie-recyclerie. Celle-ci accueille du matin au soir de longues files de voitures et de camionnettes, et fait le tri entre matériel pouvant être réutilisé et celui partant en recyclage. Le rythme de travail est tout simplement époustouflant, les volumes traités sont énormes ! Il a fallu employer des personnes spécialisées pour coordonner les ateliers de réparation.

Le recyclage est poussé au maximum : tout ce qui peut être réutilisé est réparé sur place et revendu ensuite à un prix modeste (meubles, vêtements, jouets, livres, matériaux de construction, électroménager...). Ce qui n'est pas revendable sur place est confié à des entreprises spécialisées. « Le papier est revendu à Ouateco qui produit et distribue de la ouate de cellulose pour l'isolation des bâtiments. Ouateco a également lancé en 2019 une nouvelle forme d'isolant fabriqué à partir de vieux textiles provenant d'Emmaüs. » Mais il existe tout un ensemble d'autres partenaires qui récupèrent chacun un type de déchet (ferrailles, déchets verts, bois...). « Emmaüs travaille avec plus de trois cent cinquante entreprises, dont plus de deux cent cinquante dans le département. »

En 2018, le chiffre d'affaires était de 3,5 millions d'euros. Aujourd'hui, il est proche de 5 millions. Outre les compagnes et compagnons, il y a seize salarié·es (tâches administratives, postes spécialisées : maraîcher, réparateur en électronique...).

Passionata

Les murs des différents entrepôts sont recouverts de fresques politiques. Ici, à gauche un enfant-soldat et à droite un enfant infirme, victimes de la folie de la guerre symbolisée par Charlie Chaplin dans le rôle du dictateur.

D'autres fresques, comme ici, rendent hommage à des personnes engagées auprès d'Emmaüs.

Les compagnes et compagnons sont logé·es, nourri·es, habillé·es, peuvent se fournir en mobilier, en livres… et touchent 400 euros par mois pour leurs loisirs. Le bénéfice sert à construire les maisons, mais également à développer d'autres activités : ferme pédagogique, épicerie, restaurant et bar. À noter que ce bar sert de l'alcool… et que cela a contribué à faire baisser les problèmes liés à sa consommation : les buveur·ses n'ayant plus besoin de se cacher, il y a moins de dérapages.

Agriculture biologique et autonomie alimentaire

Félicien a longtemps tenu un restaurant bio. Mis en difficulté par la crise financière de 2008, il navigue sur internet et tombe sur Emmaüs Lescar-Pau, où il décide de venir s'investir. Sur place, il prend la responsabilité du secteur de l'alimentation. À ce moment-là, comme tous les autres Emmaüs, les repas collectifs sont préparés à partir de ce que fournit la Banque alimentaire : de la nourriture industrielle en limite de fraîcheur. Il lance une activité de maraîchage sur des terres voisines, qui s'inscrit dans une ferme pédagogique avec apiculture et élevage – quelques cochons et pas mal de volailles. Comme cela ne suffit pas à couvrir les besoins, des partenariats sont mis en place avec des agriculteur·rices bio du coin, avec le soutien de la Confédération paysanne : outre l'approvisionnement des cuisines d'Emmaüs, ces paysan·nes fournissent aussi des produits pour l'épicerie bio placée à l'entrée du site. Les bénéfices de cette épicerie couvrent presque les achats alimentaires. « Aujourd'hui, 40 % des légumes et fruits et 60 % des viandes sont autoproduits sur place… et de nouvelles terres agricoles sont recherchées pour augmenter encore cette autosuffisance. » La discussion sur l'autonomie énergétique est en chantier. Des serres intégrant des photopiles font notamment partie du débat.

En haut à gauche : Germain, le fondateur et actuel directeur d'Emmaüs Lescar-Pau.

En haut à droite : Un compagnon faisant le service pendant le repas collectif…

En bas à gauche : Sophie qui s'occupe de la plate-forme de conservation des produits alimentaires en excédent.

En bas à droite : Félicien, responsable du secteur alimentation et du restaurant La Pachamama.

Un espoir pour la société de demain

L'expérience de Lescar-Pau est un modèle de ce que l'on peut faire pour construire une vie différente, autour d'une forme économique solidaire, avec les plus pauvres. La meilleure preuve de cette réussite? Désormais, il y a de plus en plus de personnes qui y rejoignent Emmaüs Lescar-Pau non par nécessité, mais par choix. ■

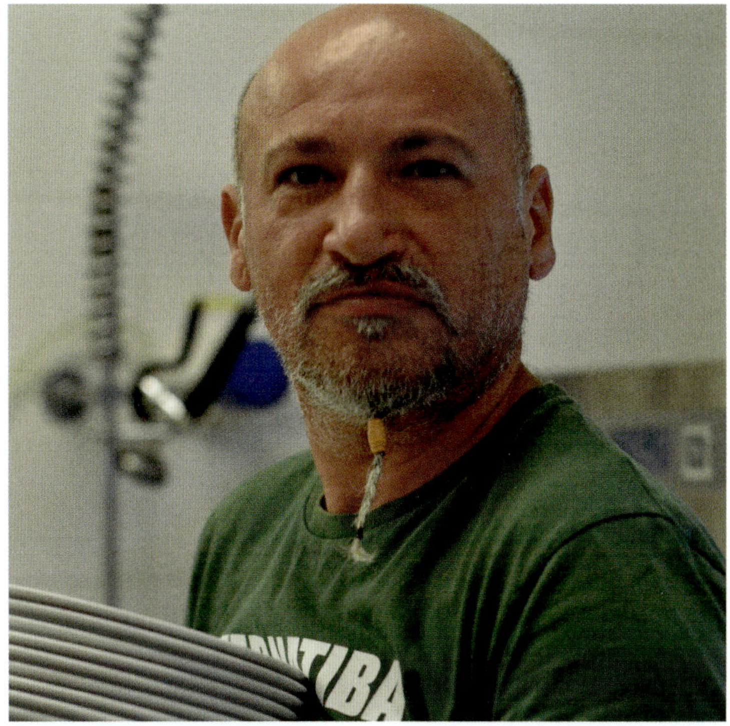

RHÔNE
Villeurbanne
2013
14 logements

LE VILLAGE VERTICAL. UNE COOPÉRATIVE POUR SORTIR DE LA SPÉCULATION IMMOBILIÈRE

C'est en 2005 que naît le projet du Village vertical. Habicoop, une structure d'aide aux projets d'habitat coopératif, va l'accompagner tout au long des procédures administratives, notamment en lui permettant d'obtenir des financements européens. Un accord est passé avec un bailleur social, Rhône Saône Habitat, pour qu'il soit intégré dans un immeuble plus important. La coopérative de quatorze appartements occupe un tiers de l'immeuble et voisine avec vingt-quatre logements sociaux classiques. La construction est achevée en 2013.
Le bâtiment a été pensé de manière écologique : la façade et les balcons sont en bois, le chauffage est assuré par une chaudière à granulés de bois, des photopiles sont installées sur le toit. Cependant, quelques concessions importantes ont été faites : l'isolation est en laine minérale et polystyrène, les toilettes sèches automatiques trouvées en Suisse n'ont pas été autorisées et des parkings en sous-sol ont été imposés contre l'avis du groupe. En 2016, une étude a montré que la consommation était supérieure à 35 kilowattheures par mètres carrés et par an – contre 27 prévus.
L'habitat groupé comprend au rez-de-chaussée une vaste salle commune (60 mètres carrés) avec cuisine et petits appareils en partage, deux chambres d'ami·es, deux chambres d'hôtes (en location courte), ainsi qu'un appartement privé de plain-pied spécialement prévu pour une personne handicapée. Au dernier étage se trouve une buanderie commune (20 mètres carrés) alimentée par la récupération des eaux de pluie, les excédents d'eau de pluie sont stockés pour le jardin. À l'extérieur, il y a un petit potager collectif avec son compost et un garage à vélos.

Une organisation en évolution

Les habitant·es sont propriétaires de la coopérative mais locataires de leur appartement. L'entrée dans le Village nécessite un apport personnel de 30 000 à 50 000 euros. Ensuite, chaque mois, les familles versent un loyer qui sert à rembourser le prêt souscrit pour la construction de l'immeuble, à payer les charges et à alimenter une épargne pour les futurs travaux. Le prêt a été établi sur 40 ans.
Les villageois·es fonctionnent sur le principe «1 personne = 1 voix». Les décisions lors de réunions mensuelles, chaque premier dimanche du mois pendant une demi-journée, coordonnent différentes commissions : cuisine, chantiers, jardin, événements, comptabilité…
Depuis le début, le turn-over est important (en moyenne un départ par an). Une cause identifiée : la gestion commune demande trop de temps. Pour y remédier, les habitant·es participent à des formations et mettent en place des simplifications. ■

Côté sud, les appartement du Village vertical disposent de balcons.

Côté nord, des coursives permettent de relier ascenseur, escaliers et paliers d'appartements.

PAS-DE-CALAIS Landrethun-le-Nord 2002 200 maisons

CHÊNELET. ET SI LA QUALITÉ ÉTAIT POUR TOUS?

L'association Chênelet a mis en place différentes structures d'insertion. Profitant de son activité de scierie, elle se lance, en 2002, dans la création de maisons à ossature bois, valorisant ainsi le bois de faible section.
La circulation de l'air est étudiée pour permettre le chauffage du logement avec un seul poêle à bois. Les murs sont un mélange de copeaux de bois provenant de la scierie et de chaux coincé entre des briques en terre comprimée fabriquées sur place. Les eaux de pluie servent à alimenter les sanitaires. L'isolation est assurée par un doublage des murs avec de la ouate de cellulose. Le chauffage revient à 1 euro par jour chauffé. Chaque habitation fait environ 110 mètres carrés.
Les deux premières maisons ont coûté quatre fois le prix des appels d'offres dans le logement social. Deux nouvelles, habitées depuis 2005, ont eu un coût divisé de moitié. À la dixième, toutes réalisées sur place pour les salarié·es, la dépense était dans les normes. Depuis, Chênelet est devenu un bailleur social et a construit deux cents autres maisons. ■

Au rez-de-chaussée de chaque maison du Chênelet, un poêle de masse placé sous l'escalier assure le chauffage de l'ensemble du logement.

BIVOUAC. UN FINANCEMENT COLLECTIF INVISIBLE

SAVOIE

Chambéry

2009

3 logements

Ici, il ne s'agit pas d'un habitat collectif, mais d'un collectif qui s'est mobilisé pour la construction de logements sociaux.

En bordure de Chambéry, Laurent, actif dans une communauté Emmaüs, et Pascale, disposent d'une maison sur un terrain de 990 mètres carrés. Ils décident d'en donner une partie pour y bâtir un petit bâtiment de 150 mètres carrés habitables. Pour cela, l'association Bivouac, fondée en 2005, va collecter l'argent nécessaire et coconstruire avec Habitat et Humanisme, association dont l'objet est la réhabilitation et la construction de logements à caractère social. L'accord prévoit un bâtiment sain et économe.

Pascale et Laurent vendent le terrain à Habitat et Humanisme et reversent cet argent en prenant des parts sociales. Le bâtiment a une ossature bois, une isolation de chanvre, une huisserie en bois, un bardage en robinier, une toiture-terrasse végétalisée. Le rez-de-chaussée comprend un F2 adapté pour des personnes à mobilité réduite, et un F4. Les deux disposent d'un jardin. Un F2 en étage, est doté d'une terrasse. Coût : 380 000 euros. Avec ce montage administratif, les locataires ignorent le soutien de la maison voisine. ■

Ce petit immeuble de Chambéry, apparemment anodin, est le résultat d'un montage à la fois original et généreux. Autour d'un couple, un collectif s'est mobilisé pour financer et construire ces logements sociaux.

ALPES-MARITIMES
Breil-sur-Roya
2019
10 personnes

EMMAÜS LA ROYA. UNE COMMUNAUTÉ PAYSANNE POUR UNE SOLIDARITÉ SANS FRONTIÈRE

La vallée de la Roya, l'amont en France, l'aval en Italie, est un important lieu de passage migratoire. En août 2016, Cédric Herrou, producteur d'œufs, est arrêté alors qu'il transporte huit personnes dans son véhicule. Le tribunal ne donnera pas suite à la plainte, estimant qu'il s'agit d'un acte de solidarité.

C'est le début d'une médiatisation et Cédric Herrou s'engage alors intensément dans l'accueil au niveau local. Commence une bataille à la fois sur le plan juridique – avec des peines de prison avec sursis, des amendes – et sur le plan répressif – avec un déploiement de forces de police dans la vallée, des contrôles incessants et une surveillance accrue. Douze procès auront lieu jusqu'au 31 mars 2021, où la Cour de cassation confirme la relaxe générale.
En 2017, comme le flux de migrant·es s'intensifie sur ses terrains, il bénéficie de l'aide d'étudiant·es de l'école d'architecture de Paris pour bâtir une cabane qui sert de cuisine, avec une large terrasse pour les repas collectifs. L'année suivante, un architecte italien vient l'aider à mettre en place un bloc sanitaire sur pilotis avec toilettes sèches et douches. En 2019, quatre cabanes identiques sont construites sur une terrasse pour faire quatre dortoirs de quatre personnes. Mais, à ce moment-là, si les migrant·es passent toujours dans la vallée, elles et ils ne s'arrêtent plus chez lui. Trop de pression policière.

Une structure qui s'agrandit

Cédric Herrou, actif dans plusieurs associations locales, sympathise avec la communauté Emmaüs de Nice. Comme il se retrouve avec quatre cabanes, une cuisine commune, des sanitaires, il propose d'accueillir des personnes en difficulté. Emmaüs l'aide à trouver un statut administratif et parraine la naissance d'Emmaüs La Roya à partir de juillet 2019. Les cabanes-dortoirs sont transformées pour être des logements individuels. Cédric est rejoint par Marion et Margot pour l'animation du lieu. C'est le premier Emmaüs à miser sur le maraîchage pour s'autofinancer.
Emmaüs La Roya a bénéficié du fonds de dotation d'Emmaüs pour acheter du foncier et un bâtiment de 500 mètres carrés situé dans le village voisin. Celui-ci est aménagé à partir de janvier 2020, pour un coût de 600000 euros. Des chambres sont à l'étage. Le rez-de-chaussée, qui rassemble une cuisine, un bar et une cantine, est ouvert sur l'extérieur et accueille les activités de différentes associations. Emmaüs La Roya fonctionne sans l'aide de la Banque alimentaire ni dons d'entreprises. Il y a maintenant une liste d'attente et la priorité est donnée aux familles qui, dans le nouveau bâtiment, peuvent disposer d'une chambre avec salle de bains. ■

En haut : La communauté rurale d'Emmaüs La Roya est installée sur de fortes pentes. Les cultures se font en restanques (terrasses avec des murs en pierres sèches).

En bas à gauche : Cédric Herrou.

En bas à droite : Marion Gachet.

Zatar
STARBUCKS COFFEE

L'HABITAT LÉGER, L'AUTOCONSTRUCTION ET LES SQUATS

10

Pour les personnes sans grandes ressources, il reste la possibilité de s'installer de manière illégale dans un bâtiment ou de bénéficier de l'invitation d'un propriétaire pour vivre sur un terrain qui n'est pas forcément considéré comme constructible.

Généralement les squats sont de courte durée, car les procédures juridiques se terminent par une expulsion qui peut parfois être violente. Toutefois, il y a des exceptions : lorsque ces squats sont liés à des luttes sociales et écologiques fortement mobilisatrices, ils peuvent être tolérés, voire légalisés comme nous l'avons déjà vu pour Christiania au Danemark (chapitre 5). En France, la lutte contre le projet d'aéroport de Notre-Dame-des-Landes s'est concrétisée par l'installation légale d'une centaine de personnes. La Baraque, qui s'est créée en Belgique sur le campus de Louvain-la-Neuve il y a cinquante ans, bénéficie d'une certaine reconnaissance. Les Lentillères ont obtenu l'abandon partiel d'un projet d'écoquartier et font revivre une activité de maraîchage.

Les autres exemples présentés ici sont sur des propriétés légalement achetées, mais aménagées en dehors des démarches administratives classiques.

Intérieur d'une cabane à Notre-Dame-des-Landes, près de Nantes.

BELGIQUE

Louvain-la-Neuve

1972

Environ 140 personnes

En 1972, au début de l'occupation des terrains de la Baraque, à Louvain-la-Neuve, les premiers habitats se sont faits dans des bus et des caravanes de récupération.

LA BARAQUE. IMAGINATION ET AUTOCONSTRUCTION POUR UN QUARTIER MENACÉ PAR L'URBANISATION

En lisière du centre-ville de Louvain-la-Neuve, en Belgique, le quartier alternatif de la Baraque s'est développé en dehors de tout cadre légal.

À la fin des années 1960, le débat linguistique en Belgique est acharné et les Flamands obtiennent que les cours à l'université soient donnés seulement dans leur langue. Les enseignant·es francophones décident alors de créer une autre université, l'Université catholique de Louvain-la-Neuve, située au sein d'une ville entièrement construite pour l'accueillir.
À cause de ce projet, la cinquantaine d'habitant·es de La Baraque, un hameau de la commune voisine d'Ottignies, sont menacé·es d'expulsion mais ne souhaitent pas partir. Des étudiant·es en architecture, cherchant à se réapproprier leur habitat, leur viennent en aide. Rapidement, une trentaine de personnes s'installent dans le quartier dans des roulottes, d'anciens bus. Des cabanes et des dômes sont aménagés collectivement. Les terrains appartiennent à l'université et la faculté d'architecture accepte de parrainer l'expérience, ce qui permet au squat de s'installer dans la durée.
Attirant du monde, il s'organise en trois sous-quartiers : les Bulles, le Jardin et le Talus. Depuis la rue principale, on circule par de petits chemins sinueux réservés aux piétons et cyclistes. Aucune clôture ne délimite les espaces. Au fil du temps, quelques-unes des constructions ont gagné en volume. La naissance d'enfants s'accompagne d'une recherche d'une plus grande aisance et, aujourd'hui, certaines maisons sont très confortables. Autoconstruites, elles ont nécessité des investissements financiers minimes, avec souvent des toilettes sèches, parfois des panneaux solaires. Il y a partout des zones de compostage, des potagers, des parterres de fleurs, des arbres fruitiers... et des espaces plus ou moins laissés à l'abandon. Il a fallu de longues négociations avec la ville pour obtenir l'électricité et l'eau courante. Des zones de passages ont été aménagées pour l'accès des pompiers suite à un sinistre.

L'habitat léger, une réponse à la crise sociale et écologique

Le prix d'un logement sur place est estimé à 122 euros le mètre carré, soit vingt à quarante fois moins qu'une habitation traditionnelle. Le règlement mis en place prévoit de résister à la spéculation. Jacques, un des plus anciens habitants, nous explique que l'on doit revendre au prix d'achat initial.

DELTA

Ce type d'habitat est une évidence pour Vincent Watier, qui a fait ce choix il y a plus de vingt-cinq ans. « Il y a des gens qui ne veulent pas passer leur vie à payer leur logement. » Il se dit content d'être capable de réparer sa maison, une fuite, de faire son bois de chauffage. « J'habite dans rien et ça me rassure. » De plus, « il y a une solidarité chaude, j'ai toujours la sensation que je peux aller chez mes voisin·es quand je veux, je ne suis pas seul ». Vincent est situé dans le quartier des Bulles. Avec quatre adultes et un enfant, ils se partagent une cuisine et une salle de bain. Certains repas sont pris ensemble, un moment clé pour discuter et prendre les décisions de manière collective. Depuis plusieurs années, Vincent travaille, au niveau national, au sein du réseau Habitat léger qui regroupe des personnes qui vivent en cabane, en caravane, en camion... Ce réseau belge a réussi à faire passer une loi en 2019 qui permet une certaine reconnaissance de ces formes d'habitats.

Sur un fil entre collectif et individualisme

Dans l'ensemble du quartier, «le fonctionnement collectif n'existe plus, de fait, que dans les prises de décisions concernant l'urbanisme», explique Vincent. «Les réunions de grand quartier ne sont pas régulières et sont les seuls moments collectifs formels.» Quelques chantiers participatifs s'organisent ici ou là, mais un sentiment de montée de l'individualisme accompagnant un niveau de confort plus élevé se fait sentir. Vincent rappelle que la Baraque est un quartier urbain, par la proximité du centre-ville, de l'autoroute et de la gare, et par le mode de vie de ses habitant·es. La plupart travaillent à l'extérieur et manquent parfois de temps pour la vie en communauté. Toutefois, les réunions de grand quartier sont pour lui «des moments magiques». «On donne des réponses bien plus profondes aux problèmes, des idées de dingues ressortent. En défendant nos petites maisons, on a un rayonnement vers l'extérieur.» Selon Vincent, le quartier pourrait servir de modèle. «On a une densité équivalente à celle de la ville, mais le ressenti n'est pas le même. La biodiversité est mieux préservée.»

Jacques est arrivé en 1990. Il a alors développé un lieu d'accueil pour les personnes handicapées mentales : la Fattoria sociale. Le lieu a également été ouvert pour des peines de prison alternatives. « Les personnes accueillies aidaient à la tenue des potagers, à l'entretien des parties communes, à la tenue d'un magasin de produits alimentaires. » En 2019, âgé de 72 ans, il a arrêté son activité. Alors qu'il y a plusieurs résident·es qui travaillent dans le social, personne n'a repris l'association. Pour lui aussi, c'est le signe d'une perte du collectif.

Un résident a développé une activité maraîchère. Il cultive à proximité et apporte les récoltes sur une place où les paniers sont préparés avant distribution par d'autres habitant·es à tour de rôle. Ce jour-là, Josse coordonne la distribution. Josse est arrivé en 1974. Il était étudiant à l'époque. Il habite depuis 1998 une maison en dur. Cela a été un choix pour pouvoir accueillir sa mère âgée. Il rappelle que les questions écologiques étaient peu prises en compte au départ, c'est venu progressivement. Il connaît bien les conflits qui ont agité le lieu. « Le conflit, ce qui est important, c'est de le porter et de le résoudre. S'il n'y en avait pas, ce serait inquiétant. » Il a par exemple été nécessaire de mettre des limites pour ne pas accueillir des personnes trop marginales, en particulier des drogué·es. Il a même été décidé à une occasion de faire appel à la police pour expulser un individu extrêmement violent.

Ci-contre : L'autoconstruction a été la règle sur le squat de la Baraque. Certaines habitations sont modestes, d'autres ont un confort similaire à une maison traditionnelle.

Pages 218 et 219 : Les décorations sont extrêmement diverses et inventives, témoignant d'un riche imaginaire.

Une barrière artistique faite d'objets de récupération.

Ici ou là, on peut lire des slogans politiques. À la Baraque, comme dans de nombreux autres lieux alternatifs, on ne s'intéresse pas au statut administratif des personnes qui y vivent.

Encerclement urbain

Tout autour, la ville ne cesse de s'étendre. Face à La Baraque, un quartier résidentiel s'est construit entre 2020 et 2022. Certaines maisons du Talus sont maintenant sous la vue des nouveaux logements.

De son hamac, Laurence aperçoit les enseignes du centre commercial. «On résiste, mais la paroi rétrécit, témoigne-t-elle, on est menacé par un système qui est en train de se casser la gueule.»

Même inquiétude chez Vincent : «J'ai peur que le quartier vieillisse, qu'il soit rattrapé par le contexte extérieur, par l'individualisme. Ça a déjà commencé, il y a un mouvement général du quartier vers un embourgeoisement, les disparités sociales sont gigantesques. Avant c'étaient des étudiants, utopistes, avec une forte créativité, aujourd'hui [la vie locale] est moins spontanée. On a parfois des belles maisons ici, avec des habitant·es qui veulent se sécuriser et sont donc moins enclins à se battre.»

«Squat reconnu mais squat quand même!»

La sécurité et la stabilité sont des problématiques récurrentes dans le quartier. Bien que la zone soit reconnue en tant que «zone expérimentale d'habitat alternatif», aucune législation ne protège ses habitant·es, «squat reconnu mais squat quand même!» s'exclame Vincent.

Dans le quartier, les avis divergent sur la question de la régularisation. Pour Laurence, elle n'est pas nécessaire : «Le bordel est intéressant.» Mais «une régularisation permettrait d'élargir le cadre et d'ainsi développer ce mode de vie». Un avis partagé par Vincent qui ajoute qu'il «n'est pas tenable pour tout le monde de vivre dans l'insécurité juridique».

Il y a un vaste espace avec un café, le Bar du zoo, où se déroulent de nombreuses fêtes et réunions. En 2019, il a accueilli les Rencontres de l'habitat léger. Des personnes sont venues de tout le pays, mais aussi de France et d'Allemagne et il a fallu limiter le nombre d'inscriptions à cinq cents, preuve que le sujet intéresse beaucoup de monde. ■

En haut : La ville de Louvain-la-Neuve continue de s'agrandir, cernant de plus en plus le quartier de la Baraque, dont une partie est visible à droite.

En bas à gauche : Josse vit sur place depuis 1974. Il habite aujourd'hui une maison en dur.

En bas au centre : Ancien habitant de la Baraque, Nicolas est aujourd'hui maraîcher et vend chaque semaine ses paniers de légumes à la Baraque.

En bas à droite : Jacques, arrivé en 1990, a animé jusqu'en 2019 un lieu d'accueil pour personnes handicapées mentales.

MAINE-ET-LOIRE
Grézillé
1997

Environ 40 personnes

Ci-contre : À l'entrée de Troglobal, des vitraux, incluant des pièces de récupération, montrent tout le savoir-faire des artistes investis dans ce collectif.

Page 226 : D'anciennes carrières, habitations et ateliers font de ce lieu un dédale troglodyte fascinant et invisible de l'extérieur.

Page 227 : Sculptures en matériaux de récupération et en pierres.

TROGLOBAL. LES ALTERNATIVES POUSSENT AUSSI EN SOUS-SOL!

Profitant des caves et anciennes carrières du sud du Maine-et-Loire, un village à vocation artistique a vu le jour de manière presque invisible. Travaillant la pierre, le fer, le bois et les vitraux, le lieu s'aménage d'année en année, le tout en autogestion.

De toutes petites routes qui tortillonnent puis de discrètes pancartes et voici le village Troglobal. À l'exception de quelques caravanes et des véhicules stationnés sur le bord du chemin, rien n'indique que se trouve ici, creusé sous la plaine, un ensemble d'habitations troglodytes pouvant abriter de nombreuses personnes. Une grande arche vous accueille. Elle est soudée de mille morceaux de ferrailles de récupération.

Vous descendez un sentier. Quelques vitraux au ras du sol s'ouvrent de part et d'autre. Des pistes s'enfoncent sous les bois. Ici un mur en pierre, là une yourte discrète ou encore une cabane dans les arbres vous indiquent que le lieu est habité. Tout en bas, il y a une vraie maison, avec un potager, l'essentiel se cache sous terre, creusé dans les galeries de tuffeau, la pierre tendre de cette région.

Artisanat et autogestion

Pako et Zaz se sont rencontrés dans un squat parisien. Le premier officie comme technicien dans l'audiovisuel et le spectacle. Il recherche des formes de créations parallèles aux circuits normalisés. Le second, après une formation de compagnon, exerce comme tailleur de pierre en dehors du domaine des monuments historiques, son premier travail. Ils ont alors à peine plus de vingt ans.

Ils rêvent d'un lieu collectif où, sans la précarité des squats, on puisse développer une vie autogérée autour d'activités artisanales et artistiques.

En 1997, ils découvrent un site troglodyte abandonné utilisé comme décharge sauvage. Après avoir retrouvé la propriétaire, ils la convainquent de le leur vendre à un prix raisonnable. « Il y a 7000 mètres carrés de terrain, mais surtout cinq fours à pain révélant qu'au moins cinq familles vivaient ici dans d'anciennes maisons enterrées. » D'autres excavations, dont une très vieille carrière, s'enfoncent loin sous le sol. Les creusements les plus anciens remontent au IXe siècle.

Ils s'y installent avec trois autres personnes. Ils veulent y développer des démarches alternatives, en particulier autour de la notion de non-propriété. Pour eux, les lieux n'appartiennent à personne, mais si une personne décide d'ouvrir un atelier, c'est elle qui gère son espace. Quatre activités s'y développent : la taille de pierre, la réalisation de vitraux, l'accueil et la création de spectacles et des performances artistiques.

Ils montent l'association Ekbalium afin d'assurer la coordination du projet. L'autogestion reste le principe de base et une monnaie locale, la « citrouille », est inventée pour faciliter le troc en interne et limiter les besoins de véritable argent.
Le premier été, une quinzaine de personnes se réunissent pour évacuer plus de quinze tonnes de déchets accumulés. Un potager en permaculture est ouvert. Un four à pain est restauré. Puis une maison est reconstruite sur d'anciennes ruines. Sa particularité : une grande salle de bains collective qui doit permettre de favoriser l'accueil de tous. Les premières personnes habitent toutes, au début, dans différentes cavités. Des fêtes régulières font connaître le lieu et, de la sorte, de plus en plus de monde rejoint le projet.
Au fil des ans, les anciennes habitations troglodytes sont réhabilitées. Les pièces sont aménagées avec du matériel de récupération restauré (bois, métal...). Le béton est interdit. Les habitant·es gagnent ainsi progressivement de la place et ouvrent des caves destinées aux espaces collectifs : la «cuisine» avec son cabaret et son tripot, le «bureau» avec internet, et la «spéciale», cave-dortoir pour les gens de passage. La législation sur les permis de construire ne concerne que les parties au-dessus du sol. En dessous, un vide juridique leur a permis, pour la plupart des travaux d'aménagement, de ne faire qu'une déclaration de travaux.
Un couple de forgerons investit une salle troglodyte. Les coups du marteau frappant l'enclume égrainent le temps. Voilà la seule horloge du village.

Composer avec l'environnement social

Ci-contre : Les maisons troglodytes sont pour la plupart de 8 à 10 mètres sous le niveau du sol, ce qui permet d'avoir des puits de lumière et des aérations. Malgré cela, les intérieurs restent assez sombres dès que l'on a un peu de profondeur.

Page 230 : Différents ateliers de travail troglodytes.

Page 231 : Dans l'un des immenses espaces souterrains, le travail de la pierre.

Dès le départ, les relations avec le voisinage sont assez bonnes. Un voisin agriculteur accepte de leur prêter des champs mitoyens lorsqu'ils organisent des festivals. D'autres événements, concerts, soirées thématiques réunissent régulièrement les habitant·es des villages alentour. Ils sont en relation avec différents centres d'apprentissage pour l'organisation de formations concernant la restauration de l'habitat troglodytique, très présent dans la région. Par ce biais, ils accueillent des stagiaires venant de Cappadoce, en Turquie, cet autre pays où les troglodytes grignotent le paysage.
Mais, en 2002, une soirée dédiée aux musiques électroniques draine plus de deux mille personnes. C'est la goutte d'eau qui fait déborder le vase. Des plaintes sont déposées pour tapage nocturne et trouble à l'ordre public. La mairie commence à réagir. Les habitant·es choisissent alors de dissoudre Ekbalium et se structurent autour d'une nouvelle association, Artglodyte, plus centrée sur leurs productions artisanales et artistiques.
Cela ne résout pas tout. Chaque année, avec les beaux jours, plusieurs dizaines de personnes viennent s'installer sur le lieu, profitant de son ouverture et de sa grande capacité d'adaptation. Certains s'investissent, participent dynamiquement aux chantiers. D'autres se reposent. Malheureusement la surpopulation s'accompagne de problèmes divers, liés à la gestion de l'espace, à la violence ou à la consommation abusive d'alcool.
En été, les soirées se multiplient. Les personnes résidentes régulières, une quarantaine aujourd'hui, s'emploient à développer un minimum d'organisation tout en essayant de maintenir les idées de départ : ouverture, autogestion, artisanat et création. Si les concerts improvisés, souvent en acoustique, sont sources de joie, les lendemains de fête sont parfois difficiles.

Garage
à Bois

«Ce n'est pas évident de trouver sa place ni de s'adapter constamment à cet îlot mouvant, régi par ses propres lois, et qui avance chaotiquement à petits pas de géants», résume Pako. Ces difficultés ont conduit à essayer de mettre en place des règles qui respectent au mieux la liberté de chacun·e. Elles concernent les prises de décisions collectives, le fonctionnement global soucieux d'écologie et la participation de chacun·e. Un tableau de rotation des tâches a été instauré. Chaque semaine, il est possible de s'inscrire pour la récupération, la gestion des déchets, le nettoyage des lieux collectifs et des toilettes sèches, ou pour s'occuper des animaux (poules, cochons...) du jardin, de la phytoépuration, des chantiers... Le mercredi, promu «journée des enfants», s'organise désormais autour d'elles et eux.

Le parti de campagne

De 2014 à 2017, le collectif a choisi d'explorer les démarches de démocratie alternative. Des rencontres ont été organisées avec d'autres initiatives (candidat choisi par vote citoyen, démocratie directe à Saillans, dans la Drôme...). Il a ensuite été décidé de présenter des listes à l'occasion des élections législatives et départementales, constatant que la distribution des professions de foi dans les boîtes aux lettres est le moyen le moins cher pour toucher tout le monde. La communication s'est faite sous une forme humoristique : «Pour une politique sérieusement drôle et drôlement sérieuse.» Si, sur la forme, cette démarche est amusante («candidats du système... solaire»), sur le fond, elle rejoint les idées et objectifs de bon nombre de mouvances que l'on retrouve dans le milieu alternatif. Résultat : au-dessus des 5 % qui permettent d'obtenir le remboursement des frais... et une surprise : la liste est arrivée en tête dans le hameau voisin de Grézillé...
En 2017, il a été décidé de se retirer des réseaux sociaux pour ne plus attirer l'attention des médias. Mais le village est toujours là et vit aujourd'hui plus calmement. ■

En haut à gauche : Pako, l'un des fondateurs du lieu.

Autres photos : D'autres habitant·es de Troglobal.

LOIRE-ATLANTIQUE
Notre-Dame-des-Landes
2008
Environ 100 personnes

Ci-contre : Transhumance pour les brebis de Notre-Dame-des-Landes.

Page 236 : En haut, deux cabanes autoconstruites, à l'abandon depuis l'arrêt du projet d'aéroport. En bas : Maisons autoconstruites plus récemment.

Page 237 : Sur un bus aménagé, dénonciation de la « négocratie », méthode des autorités pour obtenir ce qu'elles veulent tout en faisant croire qu'elles vous écoutent.

ZONE À DÉFENDRE. UN AUTRE MONDE EST POSSIBLE!

Après cinquante ans de lutte, le projet d'aéroport à Notre-Dame-des-Landes a été abandonné en 2018. Dans la suite de la longue occupation des lieux, la Zad, zone à défendre, est en train de se transformer en site d'expériences de vie alternative et autonome où vivent une centaine de personnes.

L'histoire de la lutte contre le projet d'aéroport à Notre-Dame-des-Landes commence en 1967. Situé à 25 kilomètres au nord de Nantes, il menaçait de disparition plus de 1600 hectares de terres agricoles et de forêts. Une surface plus importante que celle de l'aéroport parisien Roissy-Charles-de-Gaulle alors que Nantes a un trafic aérien vingt fois moindre.
Mais c'était sans compter sur des décennies de luttes multiformes. En 2008, après une rencontre des associations locales avec les Camps climat qui se tiennent au niveau international, un appel est lancé pour venir occuper les terres. Progressivement, des cabanes émergent, au sol, sur les étangs, dans les arbres. Des fermes rachetées par le département sont occupées, des terrains remis en culture. Tout un système de production voit le jour sans échange d'argent, sans police mais pas sans conflit.
En 2012, une centaine de personnes vivent sur place lorsque le gouvernement de Manuel Valls lance l'opération César, une vaste intervention militaire pour dégager les lieux. Les affrontements durent plus d'un mois et provoquent une médiatisation internationale. Résultat : ce sont plus de trois cents personnes qui s'installent ensuite sur plusieurs dizaines de sites répartis sur l'ensemble du territoire menacé.
S'en suivent six ans d'occupation en toute liberté, avec des collectifs qui fonctionnent par affinités, des activités qui se mettent en place pour assurer au maximum une autonomie alimentaire et le développement de plusieurs dizaines de groupes de soutien un peu partout en France et à l'étranger.

Après l'abandon du projet d'aéroport, l'envie de maintenir un lieu alternatif

Le 17 janvier 2018, le gouvernement d'Emmanuel Macron annonce l'abandon du projet d'aéroport. Mais le 9 avril 2018, une nouvelle opération militaire, avec l'appui de blindés, tente d'expulser l'ensemble des squats. Environ la moitié des installations sont détruites, mais les zadistes ne capitulent pas. De nouvelles manifestations massives font reculer le gouvernement et débouchent sur des négociations sur l'avenir de la zone. Elles aboutissent à un accord légalisant les projets agricoles. Mais le gouvernement refuse toute idée de terre agricole collective, comme cela avait été obtenu sur le plateau du Larzac (Aveyron) au début des années 1980.

Negocratie

L'accord prévoit que le lieu bénéficie de certaines garanties environnementales pour la protection des forêts, des haies et des zones humides (230 hectares), que les dix-sept familles paysannes résistantes récupèrent leurs terres (360 hectares), et que l'État et le département rétrocèdent des terres pour favoriser de nouvelles installations (460 hectares).
Avec la création du fonds de dotation La terre en commun qui collecte de l'argent, le pari est d'acheter sous forme collective d'autres bâtiments afin d'y maintenir des activités non agricoles (bibliothèque, restaurant, boulangeries, lieux de fêtes, centre de formation…). Il s'agit de perpétuer dans un cadre légal un mode de vie alternatif dans le prolongement des années de lutte. À l'ouverture de ces négociations pour la légalisation, une partie des occupant·es opposé·es à celle-ci partent vers d'autres luttes. Une centaine de personnes restent sur place. Les cabanes disparaissent peu à peu, au profit de la restauration des anciennes fermes et de la construction de bâtiments neufs.
En 2022, il y a trente-trois baux agricoles signés avec le département (895 hectares) et vingt-huit avec l'État (233 hectares). Plus de 700 hectares sont aujourd'hui en agriculture biologique.

Quelques collectifs de vie

Les graffeuses ont lutté contre le projet d'aéroport, mais aussi contre les dérapages sexistes au sein des collectifs locaux.

Il est difficile de présenter tous les lieux collectifs dans leur diversité. Il faut y séjourner longtemps pour prendre conscience des différentes sensibilités, des démarches originales et des formes de solidarité qui existent entre tous.
La ferme des Fosses noires se trouve au centre du site. Elle s'est lancée dans la culture de céréales et de houblon pour développer la brasserie de la Bulle noire, créée du temps de l'occupation des lieux. Aujourd'hui, les bières, dont les goûts varient avec les saisons, sont présentes à toutes les fêtes aussi bien localement qu'aux alentours.
Environ un kilomètre et demi plus à l'est, L'Ambazada est une vaste construction neuve conçue pour y faire des réunions, des fêtes. Elle se veut le lieu d'accueil de toutes les luttes, du local à l'international.
Un kilomètre et demi encore plus à l'est, on trouve la ferme de Bellevue qui élève les vaches du «grand troupeau communal». On y trouve une activité de boulangerie, une forge… Juste à côté, dans un bâtiment neuf construit en bois et en terre, Abrakadabois est un atelier de charpenterie qui négocie avec l'Office national des forêts pour la création d'une «forêt-école». De l'autre côté de la route, le Très petit jardin est géré par un couple et produit des plantes médicinales, dont une partie sert sur place et dont le reste est vendu le samedi sur le principal marché de Nantes. Un peu plus à l'ouest, la ferme de Saint-Jean-du-Tertre est une ferme d'élevage de bovins, avec un paysan-boulanger.
À deux cents mètres plus au nord, la ferme du Mouton à cinq pattes, au Liminbout, s'est développée après la destruction pendant la lutte de la ferme des 100 noms. Outre un élevage de brebis, on y trouve une crêperie. À côté, dans le même hameau, s'est ouvert l'auberge des Q de plomb dont les murs ont été rachetés en janvier 2022 par La terre en commun et où se retrouvent une fois par semaine habitant·es, paysan·nes et sympathisant·es pour un copieux repas collectif.

PLUS À PERDRE
DANS LA RÉSIGNATION
QUE DANS LA RÉVOLTE
NI A PRENDRE
NI A VENDRE
FIGHT
SEXISME

Récolte des pommes de terre. Il y a un seul champ pour l'ensemble des collectifs qui participent tous en ce jour de récolte.

Il existe plusieurs lieux de maraîchage collectif sur le site de Notre-Dame-des-Landes. Les excédents de production sont proposés à prix libres lors d'un marché hebdomadaire.

PETIT DÈJ

EPAL

La ferme de la Noë verte se trouve, elle, à trois kilomètres plus à l'est des Fosses noires. Elle a mis en place une activité maraîchère importante, vend sur les marchés de Nantes et a développé une conserverie pour stocker les surplus estivaux.
Trois cents mètres au nord de l'Ambazada, la ferme de la Rolandière a été transformée en lieu culturel avec une immense bibliothèque où se côtoient de très nombreux ouvrages militants, mais pas que. Elle est très connue des médias : c'est là qu'a été construite une tour aussi haute qu'un pylône, qui a servi à donner l'alerte aux moments les plus conflictuels.
Sur le site de La Hulotte, entre le hameau du Liminbout et la ferme de Bellevue, Trait-du-Gnon est une ferme avec un maraîchage collectif en permaculture qui, entre autres, produit des semences. Le recours à la traction animale permet de partager des chevaux avec Abrakadabois, qui lui s'en sert pour le débardage en forêt. Certaines prairies sont peu à peu aménagées en verger.
Un peu à l'écart, à six kilomètres au nord-est des Fosses noires, la ferme du Haut-Fay abrite des activités artistiques, dont un atelier de sérigraphie. D'autres fermes ont repris une activité habituelle de cette région : l'élevage sur prairie.

Maintenir une activité militante

Même si les travaux sur les lieux de l'ancienne Zad sont très prenants, et si les confinements de 2020-2021 ont un temps isolé les différents groupes, tous participent à différentes formes de solidarité avec d'autres luttes locales ou plus lointaines. La crêperie, dont les céréales et le sarrasin sont produits sur place, se déplace à la demande. La Cagette est un système de distribution de produits alimentaires en soutien aux occupations diverses. L'atelier de sérigraphie réalise des affiches très diversifiées.
Aujourd'hui, ce sont des milliers de personnes, jeunes et moins jeunes, qui viennent rendre visite, aider sur place et se regonfler le moral dans un lieu qui continue à faire rêver par le très grand nombre d'alternatives mises en œuvre. Et qui peuvent participer aux débats politiques multiples sur la légalité, la violence et la non-violence, les rapports hommes-femmes… ■

Au fil du temps, les aménagements à l'intérieur des anciennes fermes et des maisons construites se sont sophistiqués. Aujourd'hui, la plupart des lieux sont devenus très confortables.

CÔTE-D'OR

Dijon

2010

Environ 80 personnes

Ci-contre : Le squat des Lentillères, à Dijon, dispose de quelques maisons anciennes en dur, mais beaucoup de personnes logent dans des cabanes auto-construites.

Page 246 : Beaucoup de slogans et de modes d'emplois sur le site.

Page 247 : L'affiche à l'entrée du site des Lentillères joue avec les codes associés à la violence. Mais celle-ci est le fait de la municipalité et des forces de police, pas des occupant·es.

LES LENTILLÈRES. PROTÉGER LES TERRES AGRICOLES CONTRE UN PROJET D'ÉCOQUARTIER

Depuis 2010, le dernier espace maraîcher de Dijon est occupé. Plus de quatre-vingts personnes vivent sur huit hectares, accompagnées par une centaine de jardinier·es. Une occupation contre le projet d'écoquartier de la municipalité.

À l'entrée du quartier libre des Lentillères se trouve un panneau annonçant la couleur : un enfant avec une fronde, le projectile étant une carotte. Au sol, une mosaïque marque l'entrée et une pancarte présente un plan des lieux. Chacun·e peut entrer et se promener à sa guise.

Visite guidée d'espaces de vie et de culture

À l'entrée, le Pot'Col'Le, abréviation de «potager collectif des Lentillères», est le premier terrain à avoir été occupé le 28 mars 2010. À l'arrière se trouve le bâtiment autoconstruit appelé le Snack friche, d'environ 50 mètres carrés, bâti lors d'un chantier collectif en 2013, qui sert de cantine, de salle de réunions et de salle des fêtes. Ce bâtiment est adossé à une maison préexistante, la maison de Papy, où le collectif végan anime un atelier vélo.
En avançant un peu, on découvre tout un ensemble de parcelles cultivées : les petits jardins. À partir de 2012, des personnes sont venues y implanter de petits potagers familiaux. Aujourd'hui, plusieurs dizaines sont soigneusement entretenus. Derrière un mur, on arrive dans le jardin des Maraîchères. Un espace de production à grande échelle, sur un hectare, avec des serres, des légumes de plein champ, un système d'irrigation. Sur la gauche se trouvent plusieurs zones boisées avec différents collectifs, installés dans des caravanes, des yourtes ou des maisons autoconstruites. Au-delà, c'est encore la jungle pour d'éventuels futurs développements. À droite, dans d'anciennes bâtisses, des logements ont été réaménagés dans des maisons initialement détériorées par la mairie. Une grange repeinte en rose, Grange rose, héberge les fêtes, les ateliers de mécanique et une zone de gratuité. Huit hectares sur les dix-neuf convoités pour le projet d'écoquartier de la ville sont ainsi, à nouveau, producteurs de nourriture.

Groupes d'affinités

Une belle maison autoconstruite (ossature bois, paille, terre, fenêtres de récupération) héberge le collectif féministe Les Ronces. La maison sert de salle commune, de cuisine, chacune des quatre femmes du collectif vivant dans son propre logement à l'extérieur (caravanes et yourtes). Elles sont impliquées dans la gestion de la production maraîchère, entre autres.

bio BITUME
éco BÉTON
ON NOUS PREND
Pour des CONS

SORTONS
DES
ÉGOÛTS !

TU ES RELOU SI :
• TU INSISTES SI JE DIS NON
• TU ME PARLES ALORS QUE JE N'AI PAS L'AIR INTÉRESSÉE
• TU TE COLLES SANS MON CONSENTEMENT
• TU T'APPROCHES TROP
• TU ME FIXES DU REGARD
• TU ME FAIS DES COMMENTAIRES INAPPROPRIÉS
SI TU ES CONFRONTÉE À UN RELOU TU PEUX EN PARLER AUTOUR DE TOI, AUX ORGAS (BAR, ENTRÉE...).
TU PEUX LE SIGNALER À LUI ET AUX AUTRES PAR UNE ETIQUETTE ↓

ici le peuple
decide
QUARTIER
LIBRE
DES
LENTILLERES

Morgan nous présente la population du lieu : « Il y a aujourd'hui entre quatre-vingts et cent résident·es. Il y a un gros groupe de Touaregs, réfugiés politiques fuyant la guerre qui se déroule entre la Libye et le Mali. » Les autres sont originaires du Maroc, du Mexique, de Jordanie, de Pologne, de Grande-Bretagne, d'Espagne, d'Amérique du Sud et, pour une bonne part quand même, de la région. « Les âges vont de 18 à 63 ans, avec beaucoup de gens entre 20 et 40 ans. Il y a quelques enfants, deux qui vivent sur place et d'autres qui viennent avec leurs parents jardiniers. »
Les personnes se rassemblent par groupes d'affinités dans des collectifs autonomes, dont la taille varie de deux à vingt individus. Elles se retrouvent lors de deux types de réunions : une assemblée générale mensuelle à laquelle participent également les autres personnes actives sur le site ; des réunions thématiques qui se tiennent à l'occasion d'activités, de problèmes, etc.
La reconquête du lieu s'est faite progressivement car les arbres ont poussé rapidement entre le départ du dernier maraîcher, en 1998, et le début de l'occupation en 2010. La question de la régulation des installations commence à se poser pour maintenir des zones naturelles et des rangées d'arbres qui, aujourd'hui, donnent au lieu un charme certain.

La dynamique d'une occupation

Ci-contre : En haut, des caravanes installées sur les lieux. En bas, l'intérieur d'une maison autoconstruite par un collectif de femmes : ossature bois, paille et terre, vitres de récupération.

Page 250 : Une partie de l'espace a conservé une végétation importante au sein de laquelle certain·es n'hésitent pas à planter la tente.

Le projet d'occupation est issu d'une réflexion sur les difficultés de s'installer en maraîchage à proximité de la ville. Un collectif, Urgence bio, regroupant Les Verts, Nature & Progrès, la Confédération paysanne et d'autres, a, au départ, essayé de convaincre les élu·es de mettre en place une politique visant à favoriser l'installation de jeunes pour produire bio et local. Les élu·es répondaient favorablement aux propositions mais ne concrétisaient rien. Des personnes ont alors proposé une occupation des lieux. Cela a fait exploser le collectif : Les Verts avaient des élu·es à la mairie, certaines associations ne voulaient pas mener d'actions illégales. Les deux premières années, la mairie a essayé de décourager les occupant·es. Deux maisons ont été évacuées par la force et démolies. Mais la tentative de vider un troisième bâtiment s'est heurtée à une telle résistance que les autorités ont dû reculer. Le 24 mars 2012, profitant du départ d'une bonne partie des occupant·es à une manifestation à Notre-Dame-des-Landes, une équipe communale pénètre sur les lieux avec une pelleteuse et creuse des dizaines de trous de deux mètres de profondeur dans l'un des champs. Une autre pelleteuse a été utilisée pour reboucher les trous. La dernière tentative d'expulsion remonte à l'été 2015.
Au fil des ans, des vergers ont été plantés ainsi que des rangées de fruits rouges (framboises, mûres, cassis, fraises...). Les installations de pompage dans la nappe phréatique ont été remises en fonctionnement. Depuis 2015, la population qui vit sur place a nettement augmenté. Le lieu est de plus en plus visité. Des enseignant·es viennent faire des ateliers pratiques dans les jardins. Du fait des potagers familiaux, il y a toute une circulation des gens du quartier... Le marché à prix libre du jeudi est fréquenté par une bonne centaine de personnes. Certaines ne viennent pas forcément avec une forte idée de la situation locale, mais parce que les légumes bios sont bons et peu chers.

BELMONT

Warning:

Les potagers individuels ne sont séparés de la rue que par un mur. Les habitant·es des maisons voisines viennent y faire leur jardin.

Un maraîchage professionnel qui permet de fournir une bonne part de l'alimentation nécessaire.

Réapprendre la vie de village

« Ici, c'est une vie de village où l'on reprend tout à zéro » mais « le temps manque souvent car il y a beaucoup de choses à faire ». Notamment parce qu'à chaque expulsion de réfugié·es en ville, le quartier des Lentillères sert de zone de repli en attendant de trouver de nouveaux lieux à occuper. Le collectif se consolide dans les fêtes, sources de joie et de contacts avec la ville. Le collectif Mammouth propose des concerts. Il s'agit d'auto-organisation, sans aucun caractère professionnel. Il y a eu également un chantier Déco-quartier, chargé d'embellir les lieux par diverses actions graphiques, plastiques ou poétiques.

« Dès le départ, il a été décidé qu'il n'y aurait pas d'activités lucratives sur le lieu. Si des activités donnent lieu à des échanges financiers, cela doit être à prix libre. » Ce choix est souvent rediscuté : « Beaucoup de personnes précaires aimeraient avoir une activité rémunératrice. » De fait, beaucoup de gens travaillent à l'extérieur. C'est notamment le cas de Morgan, pour qui une occupation à l'extérieur « permet aussi de souffler un peu ». « À la différence de la Zad de Notre-Dame-des-Landes, ici c'est plus serré donc on se voit plus. Il n'est pas possible de s'ignorer et cela nécessite donc plus de collectif. »

Faire du lien pour contester le système

La première phase de l'écoquartier (trois cent cinquante logements) a pris la place des anciens abattoirs et n'a pas été contestée. Elle a été livrée en 2017. Les terrains occupés correspondent à la phase 2 du projet. La dynamique actuelle a conduit les Verts à se repositionner. En juin 2018, ils ont proposé une médiation. Cette idée questionne beaucoup. « Il y a une forte crainte que la mairie accepte qu'on fasse une zone de maraîchage, mais avec des professionnels, ce qui n'aurait plus aucun rapport avec ce qui se passe aujourd'hui. »

Dans la revue *Quartier libre*, réalisée sur place, les personnes interrogées sur l'issue de cette occupation n'ont pas de réponse toute faite. La plupart souhaiteraient que cela continue comme actuellement. Pour Saman, du collectif Mammouth, « le seul exemple que je connaisse, c'est Christiania, au Danemark » (voir chapitre 5). Mais il ajoute : « Je ne pense pas que ça arrivera car ça pourrait – trop facilement aux yeux du pouvoir – créer des jurisprudences ou des précédents. » ■

Des ateliers de décoration artistique se tiennent régulièrement et embellissent les murs ici ou là.

CORSE
Pianottoli-Caldarello
1983
9 personnes

FRANCISCHU. IL EXISTE ENCORE DES LIEUX SAUVAGES...

Au sud de la Corse vit discrètement une petite communauté paysanne. Reinhard, sa compagne Maria et son fils arrivent dans la région en 1983. Les terrains sur lesquels ils s'installent ne sont pas constructibles, car dans l'axe de l'aéroport de Figari.

C'est dans des grottes et quelques cabanes qu'un groupe prend racine. La vie est sobre : il y a l'eau courante mais pas l'électricité. Quelques activités externes permettent de disposer du peu d'argent nécessaire. Après une expulsion en 2008, ils louent une parcelle voisine. Aujourd'hui, neuf personnes vivent sur place à l'année.

Les cercles de parole, les repas, les chantiers les plus importants, randonner, aller à la plage, faire du bateau sont des moments collectifs. Il n'y a pas de notion de vacances car, ici, la distinction entre travail et vacances est toute relative.

On observe quelques concessions à la modernité : un capteur photovoltaïque permet de recharger un téléphone portable. Un groupe électrogène alimente quelques machines-outils. Il y a une voiture.

« Le monde du bruit et de la vitesse a permis localement le maintien d'un monde lent et silencieux... entre deux avions ». ■

Sur cette page : Reinhard et sa famille sont venus s'installer en 1983. Depuis, une petite communauté à vu le jour.

Ci-contre : Le beau temps en Corse permet de laisser la cuisine à ciel ouvert.

Page 256 : Quatre des habitant·es actuel·les.

Un tableau récupéré trône au fond d'une grotte.

Un repas collectif.

GARD
Thoiras
2002
10 personnes

LA MINE. LES CAMIONS AUSSI AIMENT SE REGROUPER

En 2000, Wilhem Sunt devient brasseur de bière biologique. Il s'installe sur le carreau d'une ancienne mine. Avec un camion, il vend dans les festivals. C'est là qu'il découvre la difficulté qu'ont les personnes habitant dans un camion aménagé à trouver des lieux pour y stationner.

Il les invite sur son site, où l'eau courante est disponible. Les premiers poids lourds arrivent en 2002. Très vite, certains deviennent résidents à l'année. « Au départ, il n'y a pas de règlement, ce qui entraîne des dérapages. Une association est alors mise en place : La Mine. En sont membres les propriétaires, les usagers et les riverains qui le souhaitent. » Elle gère les parties communes (notamment l'eau et les déchets), fait payer un modeste loyer (10 euros par mois) et instaure comme règle que l'on ne peut venir sur le site qu'en étant coopté par quelqu'un·e qui y habite déjà. Ces quelques règles ont stabilisé la vie du groupe. Aujourd'hui, une dizaine de personnes y vivent à l'année. L'été, entre vingt et trente supplémentaires les rejoignent. Ce mode de vie frugal semble toutefois insupportable aux autorités qui multiplient les recours administratifs. ■

Les gens qui vivent en camion, les Travellers, ont du mal à trouver où stationner. La Mine, dans le Gard, propose un tel hébergement géré collectivement… mais sur un ancien carreau de mine dont le sol est contaminé, notamment par de l'arsenic.

POUR EN SAVOIR PLUS

Tous les articles parus dans la revue *Silence* ont été rédigés par les auteur·ices de ce livre, sauf mention contraire.

Fontaine-Daniel

Adresses

- Association des Cabanons, 7, rue des Tisserands, Fontaine-Daniel, 53100 Saint-Georges-Buttavent ; 0617505148 ; fetedelaterre.fr ; fetedelaterre@gmail.com.
- Épicerie coopérative de Fontaine-Daniel, 7, rue des Tisserands, Fontaine-Daniel, 53100 Saint-Georges-Buttavent ; 0243044407 ; www.lepicerie.org.
- Ami·es de Fontaine-Daniel, 3, place de l'Ondine, 53100 Saint-Georges-Buttavent ; fontaine-daniel.fr.
- Association Les topinambours, La Source, Fontaine-Daniel, 53100 Saint-Georges-Buttavent, 0243044407.

Ressources

- Martin Cotta, « Le village mayennais de Fontaine-Daniel à l'Unesco ? L'heure est à l'hésitation », francebleu.fr, 7 mai 2024.
- Guillaume Nédélec, « L'épicerie coopérative d'Élise, Judith et les autres », *Ouest-France*, 20 juillet 2015.
- « Habiter la Terre en poète », *Silence*, n° 425, été 2014.
- Collectif, *Habiter la Terre en poète*, co-édition Les Cabanons/Les éditions du Palais, 2013.
- Sabine Jansen, Nicole Villeroux et Cécile Liège, *Tissu topique. Toiles de Mayenne à Fontaine-Daniel depuis 1806*, Gallimard, 2006.

La Cité ouvrière

Adresse

- Société mulhousienne des cités ouvrières, 20, porte du Miroir, 68100 Mulhouse ; 0389462020 ; www.esh-somco.fr.

Ressources

- André Studer, « Historique de la cité ouvrière », Base numérique du Patrimoine d'Alsace, octobre 2010.
- Stéphane Jonas, Philippe Heckner et Jean-Michel Knorr, *La cité de Mulhouse (1853-1870). Un modèle d'habitation économique et social du* XIX*e siècle*, 1981.
- Stéphane Jonas, « La cité de Mulhouse : un passé... remis en question », *Revue des sciences sociales*, n° 4, 1975.
- « Initiatives : la cité ouvrière de Mulhouse » (vidéo), Alsace soir, 19 juin 1975, 4 min.

Le Familistère

Adresse

- Familistère de Guise, 263, Cité Familistère, 02120 Guise ; 0323613536 ; familistere.com.

Ressources

- « Le Familistère de Guise », *Silence* n° 419, janvier 2014.
- Jean-François Draperi, *Godin, inventeur de l'économie sociale*, REPAS, 2008.
- Thierry Paquot et Marc Bédarrida (dir.), *Habiter l'utopie, le familistère Godin à Guise*, La Villette, 2004.

La Colonie

Adresses

- La Colonie, route de la Chesnay, 78113 Condé-sur-Vesgre, la-colonie.org.
- Association d'études fouriéristes, charlesfourier.fr.

Ressources

- « Que reste-t-il de la colonie fouriériste dans les Yvelines ? », *Silence* n° 507, février 2022.
- Chantal Guillaume, *Charles Fourier ou la pensée en contre-marche*, le passager clandestin, 2013.

Paris-Jardin

Adresses

- Les Amis de l'histoire et du patrimoine de Paris-Jardins, Château de Paris-Jardins, boulevard Henri-Barbusse, 91210 Draveil ; 0169423022 ; paris-jardins@magic.fr.
- Association PJ2050, Antoinette Maniloff, 43, allée des Deux-Cèdres, 91210 Draveil ; 0169423662 ; sa.maniloff@orange.fr.

Ressources

- Serge Bianchi (dir.), *Paris-Jardins. Entre utopie et réalité, 1911-2011*, les Amis de l'histoire et du patrimoine de Paris-Jardins, 2011.
- « Paris-Jardins, habitat coopératif d'hier et d'aujourd'hui », *Silence* n° 381, été 2010.
- Michel Bernard et Anne-Sophie Clémençon, « Paris-Jardins, cité coopérative du XIXe siècle », *La Maison écologique*, n° 54, décembre 2009/janvier 2010.

Cité Bruno

Adresse

- Cité Bruno, 62119 Dourges.

Ressources

- dourges.fr/article_88_1_la-cite-bruno_fr.html.
- pop.culture.gouv.fr/notice/merimee/IA62001140.
- «Cité-Jardin minière Bruno, DOURGES (62)», caue-nord.com.

Faubourg-jardin du Stockfeld

Adresse

- Association des locataires et résidents du Stockfeld ; assoc_loc_res_stockfeld@yahoo.fr.

Ressources

- Stéphane Jonas, « La cité-jardin du Stockfeld : une réalisation d'économie sociale modèle du Strasbourg 1900 », L'urbanisme à Strasbourg au XXe siècle, actes des conférences organisées dans le cadre des cent ans de la cité-jardin du Stockfeld.
- Guy Tarrieu, « Réhabilitation de la cité-jardin du Stockfeld », L'urbanisme à Strasbourg au XXe siècle, actes des conférences organisées dans le cadre des cent ans de la cité-jardin du Stockfeld.
- yclady.free.fr/intro_cite_jardin.html.

La cité des Abeilles

Adresses

- Centre des Abeilles, 4, rue Sergent Le Flao, 29000 Quimper ; 0298553313 ; centredesabeilles.fr.
- Confédération nationale d'autoconstruction Castors (CNAC), 58 rue Raulin, 69007 Lyon ; 0472371319 ; les-castors.fr/les-castors-en-france.

Ressources

- Pierre Fontanier et Soizic Robet. « À Quimper, la cité des Abeilles a 70 ans : de 1951 à 1954, ils ont construit 100 maisons », *Ouest-France*, 17 avril 2024.
- Marion Boé, Alexis Horellou et Delphine Le Lay, *100 maisons. La cité des Abeilles*, Delcourt, 2015.
- Matthieu Lepine, « Ils ont eu le courage de dire non : les 100 familles quimpéroises en lutte contre le mal-logement (1950-1954) », 3 mai 2015, matthieulepine.wordpress.com.
- Marion Boé, *La cité des Abeilles* (documentaire vidéo), 2008, marionboe.fr, 52 min.

L'Habitat communautaire

Adresse

- Habitat communautaire, 14, rue de Sèvres, 92100 Boulogne-Billancourt ; le14ruedesevres.free.fr/hc.html.

Ressources

- Guillaume Gamblin, « La cité aux deux cents enfants », *Silence* n° 358, juin 2008.
- Hélène Feertchak « Contribution à l'étude des rapports entre habitat et idéologie, un cas d'habitat communautaire », thèse de sociologie, université Paris VI, octobre 1986.

La Cité radieuse

Adresse

- AHMR, Association des habitants, 127, Maison radieuse, 44400 Rezé ; contact@maisonradieuse.org.

Ressources

- David Abittan, « Le Corbusier avait-il la recette des HLM qui rendent heureux ? », *Slate*, 25 avril 2015.
- Sabrina Bresson « Du plan au vécu. Analyse sociologique des expérimentations de Le Corbusier et de Jean Renaudie pour l'habitat social », thèse de sociologie, université François-Rabelais, février 2010.
- maisonradieuselecorbusier.wordpress.com/histoire-de-la-maison-radieuse.

Le Lavoir

Adresse

- Le Lavoir, 8 bis, rue du Buisson-Saint-Louis, 75010 Paris, Philippe Mollon-Deschamps ; 0666654410 ; 60@wanadoo.fr.

Ressources

- « Le lavoir du Buisson Saint-Louis », *Silence* n° 506, janvier 2022.
- Véronique Biau, Anne Orazio, Ioana Iosa et Héloïse Nez, « Habitat en autopromotion, étude de six cas franciliens », PUCA, 2012, halshs.archives-ouvertes.fr/halshs-01716072/document.
- Bernard Kohn, « Le Buisson Saint-Louis », bernardkohn.org.
- Claude Baïotti et Philippe Mollon-Deschamps, « Bernard Kohn, L'architecture participative » (vidéo), 19 min.

La Fonderie

Adresse

- La Fonderie, 23, rue Jean-Bleuzen, 92170 Vanves.

Ressources

- « La Fonderie à Vanves, une référence de l'habitat participatif depuis 25 ans », *Vanves au quotidien*, 31 octobre 2013.
- « La Fonderie, 30 ans d'habitation groupée », *Silence* n° 403, été 2012.
- economie-habitat-participatif.adess29.fr.

Roquebrune

Adresse

- Lotissement Roquebrune, 12630 Gages ; 0565787296.

Ressources

- « Roquebrune, un lotissement collectif sur la falaise », *Silence* n° 408, janvier 2013.

- « Lotissement de Roquebrune à Gages » et « Le projet architectural, les maisons de Roquebrune », CAUE Aveyron, architectureaveyron.fr.

Yapluka

Adresse

- Yapluka, 7, rue du Pré-aux-Renards, 95280 Jouy-le-Moutier.

Ressources

- « Habitats groupés à Jouy-le-Moutier », *Silence* n° 447, été 2016.
- « Quelle place pour l'autogestion et l'écologie face au moule consumériste, entretien avec Pierre Lefèvre », *Silence* n° 432, mars 2015.

L'Îlot13

Adresses

- ilot13geneve.ch.
- Ateliers d'ethnomusicologie, 10, rue de Montbrillant, 1201 Genève, Suisse ; 0041229190494 ; alexis@adem.ch.
- Maison des habitants, 14, rue de Montbrillant ; ilot13.darksite.ch.
- L'Écurie, 14, rue de Montbrillant ; lecurie.ch.
- Pré en bulle, 18, rue de Montbrillant ; 0041227333733 ; info@preenbulle.ch.
- ATE, transports et environnement, 18, rue de Montbrillant ; 0041227347064 ; info@ate-ge.ch.
- La Ciguë, coopérative d'habitants (résidence étudiante), 18, rue de Montbrillant, cigue.ch.
- L'Habrik, coopérative d'habitants, 18, rue de Montbrillant ; contact@lhabrik.ch.
- Livres d'occasion Nicolas Barone, 15-15 bis, rue des Gares ; 0041227401482.
- SEA, service d'ergothérapie ambulatoire, 15-15 bis, rue des Gares ; 0041227335554 ; sea-ergotherapie.ch.
- Soleymio, appareils solaires, 15-15 bis, rue des Gares ; 0041227347340 ; cuisinesolaire.com.
- Lo'13'To, 17, rue des Gares ; 41227337120 ; lo13to.org.
- BioPop, 19, rue des Gares ; biopop@live.fr.

Ressources

- « L'Îlot13 fait de la résistance », *Silence* n° 488, avril 2020.
- Vincent Gerber « La Ciguë, des colocations d'étudiants en mode coopérative », *Silence* n° 379, mai 2010.
- Mona Chollet, « L'Îlot13, un périmètre alternatif : quand on s'investit dans un lieu, il devient vivant », peripheries.net, juin 2001.

Torri Superiore

Adresse

- Torri Superiore, via Torri Superiore 5, 18039 Ventimiglia, Italie ; 00390184215504 ; info@torri-superiore.org (newsletter en italien ou en anglais).
- Spes Auser Aps. Associazione di parenti e amici portatori di handicap Corso Limone Piemonte 63, 18039 Ventimiglia IM ; spesauser.it/associazione-2.

Ressources

- « Torri Superiore : un écovillage sur la frontière », *Silence* n° 505, décembre 2021.
- Éric Dehorter, « PrioriTerre à Torri Superiore, écovillage et hameau de Vintimille », France 3, 25 mai 2019.
- ecovillage.org/region/gen-europe/map.

Le quartier Vauban

Adresses

- Stadtteilverein Vauban e.V., Alfred-Döblin-Platz 1, D-79100 Freiburg-im-Breisgau ; 004976176994370 ; quartier@stadtteilverein-vauban.de ; stadtteilverein-vauban.de (en allemand, anglais, français…)
- Office de tourisme de Fribourg-en-Brisgau ; 00497613881880 ; visit.freiburg.de.

Ressources

- Rebecca Bilon, « Le quartier Vauban : toujours un exemple ? », *Silence* n° 416, octobre 2013.
- David Gaillard et Laurent Matthey, « Au-delà de la carte postale. Les trois âges de Vauban : limites d'un écoquartier », *Cosmopolitiques* n° 19, juin 2011.
- Claire Brisson, « Le quartier Vauban à Fribourg-en-Brisgau : écoquartier modèle ou ghetto bobo ? », ENS de Lyon, 2010.
- Delphine Deschaux-Beaume, « Le quartier Vauban de Fribourg-en-Brisgau : un écoquartier modèle ? », École internationale Controverses (Lausanne, Suisse), octobre 2009, shs.hal.science/halshs-00435409.
- « Le quartier Vauban », *Silence* n° 358, juin 2008.
- « Vauban – Fribourg », *in* « Quartiers durables, guide d'expériences européennes », ARENE Île-de-France, avril 2005, arec-idf.fr.
- Yvan Saint-Jours et Julie Barbeillon, « Fribourg, un rêve éveillé », *La Maison écologique,* août-septembre 2004.

Kraftwerk

Adresse

- Kraftwerk-1, Heinrichstrasse 241, CH 80005 Zürich, 0041444464060, kraftwerk1.ch.

Ressources

- Hans Widmer (dir.), *La ville d'une seule planète*, Charles-Leopold Mayer, 2024.
- « Kraftwerk : une utopie réalisée », *Silence* n° 489, juin 2020.
- Adrien Poullain, *Choisir l'habitat partagé. L'aventure de Kraftwerk*, Parenthèses, 2018.
- Dominique Boudet, *Nouveaux logements à Zurich. La renaissance des coopératives d'habitat*, Park Books, 2017.
- P.M., *Voisinages & communs*, L'Éclat, 2016.
- P.M., *Bolo'bolo*, L'Éclat, 2013.

Christiania

Adresse

- christiania.org (uniquement en danois).
- Byggekontoret – Christianias Tekniske Forvaltning, Sydområdet 22, 1440 København K ; 0045 32 96 11 10. Magasin de matériel de récupération.
- Christiania Cykler, Mælkevejen 83a og, Fabriksområdet 91, 1440 København K ; 0045 70 70 76 80 ; christianiacykler.dk. Fabrique de bicyclettes et de tricycles.

Ressources

- Anne-Françoise Hivert, « À Copenhague, au cœur du quartier Christiania, les dealers de "Pusher Street" sont poussés vers la sortie », *M le mag*, 14 avril 2024.
- « Christiania, une ville alternative », *Silence* n° 497, mars 2021.
- Jean-Manuel Traimond, Récits de Christiania, ACL, 2018.
- Yann Datessen, « Christiania, ville libre », *Silence* n° 439, novembre 2015.
- Laurène Champalle, *Christiania ou les enfants de l'utopie*, Intervalles, 2011.
- Catpoh, *Christiania. 1000 personnes, 300 chiens, une commune libre*, Alternative et parallèles, 1978.

Västra Hamnen

Ressources

- Anne-François Hivert, « Västra Hamnen, le quartier suédois qui fonctionne à 100 % aux énergies renouvelables », *Le Monde*, 12 décembre 2018.
- Caroline A, « Västra Hamnen, l'écoquartier du futur », lasuedeenkit.se, 7 mai 2018.
- Eva Darlan, «Malmöe BO01», chantier.net/vud/vudmalm2.htm.

Arterra

Adresses

- Arterra Bizimodu, Calle Abajo, 1, 31480 Artieda, Navarra, Espagne 0034948925956 ; amauge@gmail.com ; arterrabizimodu.org.
- GEN, réseau global des écovillages, gen.ecovillage.org.
- RIE, Red Iberica de Ecoaldeas, réseau ibérique des écovillages, rie.ecovillage.org.

Ressources

- « Arterra, un palace transformé en université de la transition », *Silence* n° 451, décembre 2016.
- theecovillageexperience.net/?ArterraBizimodu (en anglais).

Les Castors

Adresse

- Les Castors du Crêt-de-Roc, 31, impasse Desjoyaux, 42000 Saint-Étienne.
- Association Cohabtitude 42, cohabtitude42.org ; cohabtitude42@alolise.org.

Ressources

- Loïc Todesco, « Vingt foyers construisent leur habitat partagé et écolo au Crêt-du-Roc », *Le Progrès*, 5 février 2022.
- « Les Castors de Crêt de Roc (Saint-Étienne 42) » (vidéo), Habitat participatif France, 16 juillet 2021, 3 min.
- « Les Castors, un immeuble collectif à chauffage humain », *Silence* n° 469, juillet 2018.
- « Saint-Étienne : Crêt de Roc, un quartier en transformation », *Silence* n° 469, juillet 2018.

Quartier de Bonne

Ressources

- « Écoquartier de Bonne, plus social qu'écologique », *Silence* n° 509, avril 2022.
- Vincent Renauld, « La vie en écoquartier, c'est beau, mais il y a plein de bestioles », *Rue89 Lyon*, 3 mars 2014.
- François Carrel, « À Grenoble, la caserne de Bonne n'a pas que du bon », *Libération*, 2 avril 2012.
- Benoît Pavan, « À Grenoble, les ratés du premier écoquartier français, *Le Monde*, 9 novembre 2011.
- Jacotte Bobroff, « La caserne de Bonne à Grenoble : projet emblématique d'un développement durable à la française », PUCA, 2011, urbanisme-puca.gouv.fr.

Les Courtils

Ressources

- Erwan Perron et Fabrice Picard, « Fiers de leur écoquartier », *Télérama* n° 3647, 4 décembre 2019.
- Julie Barbeillon, « Écoquartier Bazouges-sous-Hédé, on s'était dit rendez-vous dans dix ans », *La Maison écologique* n° 98, avril-mai 2017.
- Francis Vergier, « Bilan positif à l'écoquartier d'Hédé-Bazouges », *Silence* n° 454, mars 2017.
- Julie Barbeillon, « Éco-lotissements : le bal est ouvert », *La Maison écologique* n° 49, février-mars 2009.
- bruded.org.

ÉcoZac, place de Rungis

Ressources

- ecozac-paris.org (site en veille depuis 2012).
- Philippe Bovet, « Habitat écologique : un projet pour Paris », *Silence* n° 329, novembre 2005.
- Elsa Gheziel, « ÉcoZac de Rungis et écoquartiers », *EcoRev* n° 27, août 2007.

Confluence

Ressources

- Matthieu Adam, « Confluence, vitrine et arrière-boutique de la métropolisation lyonnaise », *Géoconfluences*, 5 novembre 2020.
- Rebecca Bilon, « Confluence : les deux visages de l'écoquartier », *Silence* n° 416, octobre 2013.

Le Béal

Adresse

- Ferme Camphill, quartier Béal, 26770 Taulignan ; 0475535533 ; lebeal.org.

Ressources

- « Handicap : foyer de vie (ou foyer de vie occupationnel) », service-public.fr, 1er avril 2024.
- Laurent Dreyfus, « Le Béal, la terre en compagnon », *Biodynamis* n° 87, automne 2014.
- « Handicap : Le Béal, une formidable réussite », *Silence* n° 339, octobre 2006.
- « List of Camphill Communities », en.wikipedia.org.

Communautés de l'Arche

Adresses

- Communautés de l'Arche, arche-nonviolence.eu.
- Arche de la Flayssière, 34650 Joncels ; 0467444090 ; leymarie_i@yahoo.fr.
- Arche de la Borie Noble, 34650 Roqueredonde ; 0467440989.
- Association Fève, L'Arche, cour du Cloître, 38160 Saint-Antoine-l'Abbaye ; 0476364825 ; feve-nv.com.

Ressources

- « Des communautés à la recherche d'un nouveau souffle », *Silence* n° 463, janvier 2018.
- Claire Moussali-Martinet, *Il était une fois l'Arche de Lanza*, Karthala, 2001.
- Lanza del Vasto, *L'arche avait pour voilure une vigne*, Denoël, 1978.
- « Les communautés de l'Arche », *Silence* n° 192-193, août 1995.

Longo Maï

Adresse

- Longo Maï, 04300 Limans ; 0492730598 ; prolongomaif.ch.
- zinzine.domainepublic.net.

Ressources

- Lola Keraron, « Vivre et résister à Longo Maï », *Silence* n° 527, décembre 2023.
- Perrine Kervran, « Longo Maï, l'utopie dure longtemps », France culture, « LSD. La série documentaire », 4 janvier 2018, 55 min.
- « Les coopératives de Longo Maï », *Silence* n° 458, été 2007.
- Beatriz Graf, *Longo Maï, révolte et utopie après 68. Vie et autogestion dans les coopératives européennes*, Thesis, 2006.
- « Les coopératives de Longo Maï », *Silence* n° 192-193, août 1995.
- Luc Willette, *Longo Maï, vingt ans d'utopie communautaire*, Syros, 1993.

Écolonie

Adresse

- Écolonie, 1, Thietry, 88260 Hennezel ; 0329070027 ; www.ecolonie.eu.

Ressources

- « Écolonie » *Silence* n° 397, janvier 2012.
- « Vivre ensemble : Écolonie » *Silence* n° 226-227, janvier 1998.

Hameau de la Brousse

Adresse

- Michel Gayout et Hélène Le Cheviller, Le Hameau de la Brousse, 16410 Sers; 0545249572; hameaudelabrousse.com.

Ressources

- « Le hameau de la Brousse », *Silence* n° 312, juillet 2004.
- zou-labrousse.tumblr.com.

Hameau des Buis

Adresses

- Le Hameau des Buis, chemin de Chaulet, 07460 Berrias ; 0665059799 ; hameaudesbuis.org.
- Ferme des enfants, Colyvie, oasis de Poul'Art, 140-400, avenue de la Forêt, 31370 Rieumes ; 0629404156 ; la-ferme-des-enfants.com.

Ressources

- « Tempête sur le hameau des Buis », *Silence* n° 499, mai 2021.

- Sophie Rabhi, Laurent Bouquet, *Démasquer les mécanismes de la violence dans le conflit. L'expérience du Hameau des Buis*, Université vivante, 2020.
- Sophie Bouquet-Rabhi, *La Ferme des enfants. Une pédagogie de la bienveillance*, Actes Sud, 2011.
- Bastien Yverneau, « Le hameau des Buis », *Silence* n° 397, janvier 2012.

Chemins de vie

Adresse

- Association Chemins de vie, Maison du Carrouge, 15 bis, rue Ducarrouge, 03210 Saint-Menoux ; 04 70 42 03 44 ou 06 41 45 85 84 ; cheminsdevie.ovh.

Ressources

- « Chemins de vie, un habitat groupé », *Silence* n° 392, été 2011.

La Convention

Adresse

- La Convention, 18, rue de la Convention, 32000 Auch ; laconvention-habitatpartage.org.
- Nicolas Bachet, 18, rue de la Convention, 32000 Auch ; 06 80 57 02 10, nicolas-bachet-architecte.fr.
- Jean-Marc Jourdain Architecte, 18, rue de la Convention, 32000 Auch ; 06 64 96 91 06.

Ressources

- « La Convention, un habitat partagé en rénovation », *Silence* n° 498, avril 2021.
- « La Convention (Auch) », *in Lieux infinis*, B42, 2018.
- Agnès Maillard, « Au cœur de ruelles médiévales, des habitants rénovent un lieu hors du commun pour vivre autrement », *Basta !*, 30 avril 2015.

Éco-Logis

Adresse

- Éco-Logis, 24, rue de Lunéville, 67000 Strasbourg ; 06 85 77 52 96.

Ressources

- Lucile Jeanniard, « Trois ans d'habitat participatif : pas facile tous les jours », *Rue89*, 2013.
- Laura Zornitta, « L'autopromotion avec Éco-Logis Strasbourg » (vidéo), 2012, zestdurable.fr, 10 min.

Les Babayagas

Adresse

- Maison des Babayagas, 6-8, rue de la Convention, 93100 Montreuil ; lamaisondesbabayagas.fr.

Ressources

- « Les Babayagas, un projet ambitieux, un résultat modeste », *Silence* n° 533, juin 2024.
- Lou Attard, « La maison des Babayagas, semeuses du futur », Bondy Blog, 22 mars 2023.
- Aurore Le Mat et Chloé Bruhat, *HLM et vieilles dentelles* (film), 2019, 52 min.
- « La Maison des Babayagas : de l'utopie à l'innovation sociale » (vidéo), Office public de l'habitat montreuillois/mairie de Montreuil, 2011, 15 min.
- « Un rêve de vieilles femmes », *revue XXI*, avril-juin 2011, p. 58-65.
- Danielle Michel-Chich, *Thérèse Clerc. Antigone aux cheveux blancs*, Éditions des Femmes, 2007.
- Nedjma Bouakra, « La maison des Babayagas : vivre libre et vieilles », France Culture, « Sur les docks », 23 avril 2007.
- Thérèse Clerc, « Sans-culotte, tricoteuse, pétroleuse ou… citoyenne ? » 1999.

Abricoop

Adresse

- Abricoop, 4 rue Suzanne Noël, 31300 Toulouse ; abricoop@gmail.com ; abricoop.fr.

Ressources

- Rachel Honnert, « Abricoop, une coopérative d'habitant·es sort de terre », *Silence* n° 462, décembre 2017.
- Marjorie Bénech, « La Jeune Pousse, conception d'un immeuble en habitat participatif à Toulouse », *INSA Alumni* n° 130, 3e trimestre 2017.

Village Emmaüs Lescar-Pau

Adresses

- Village Emmaüs Lescar-Pau, chemin Salié, 64230 Lescar ; 05 59 81 17 82 ; emmaus-lescar-pau.net
- Ouatéco, zone Atlantisud, rue du pays d'Orthe, 40230 Saint-Geours-de-Maremne ; 05 58 57 05 15 ; ouateco.com.

Ressources

- « Emmaüs Lescar-Pau, construisons l'utopie ! », *Silence* n° 533, juin 2024.
- Denis Lefèvre, *Emmaüs Lescar-Pau, le compagnon, la ruche et l'utopie*, Privat, 2018.
- Dominique Gautier, *Parlons d'utopie* (documentaire vidéo), production Village Emmaüs Lescar-Pau, 2018, 75 min.
- Benoit Delépine et Gustave Kerven, *I feel good*, film tourné sur place en 2017, avec Jean Dujardin et Yolande Moreau.
- Georges Bartoli, Cécile Van Espen, *Compagnons d'utopie(s). Scènes de la vie du village Emmaüs Lescar-Pau*, Privat, 2015.

Le Village vertical

Adresse

- Village vertical, 3, rue Raymond-Terracher, 69100 Villeurbanne ; village-vertical.org.

Ressources

- Léa Le Foll, « Le village vertical : précurseur des coopératives d'habitat en France », *Silence* n° 492, octobre 2020.
- Stéphane Perraud, « Un village vertical, une organisation horizontale », *La Maison écologique*, n° 92, avril-mai 2016.
- Géraldine Boudot, *Un village vertical* (film documentaire), Cap Canal, 2014, 57 min.
- Aurélie Rolland, « Le Jardin de Jules » (vidéo), CAUE, 2013, 9 min.
- Stéphane Perraud, « Dans l'intimité du village vertical », *La Maison écologique* n° 64, août-septembre 2011.

Chênelet

Adresses

- Chênelet insertion, 34, rue de Moyecques, 62250 Landrethun-le-Nord ; 03 21 10 51 16 ; chenelet.org.
- Association Le Chênelet, 113, avenue des Alliés, 62370 Audruicq ; 03 21 35 78 24.
- Association Le Chênelet, 1, rue de Fontenoy, 89130 Toucy ; 09 53 27 33 76.
- Association Le Chênelet, 13, rue des Grèves, 08380 Signy-le-Petit ; 03 24 35 47 03.

Ressources

- « Chênelet, l'écologie au service du solidaire », *Silence* n° 533, juin 2024.
- Richard Prost et Thierry Maous, *La boîte à idées* (film), Les Docs du Nord, 2008, 53 min.
- « Et si la qualité était pour tous ? », *Silence* n° 325, juillet 2005.

Bivouac

Adresses

- Association Bivouac, 70, impasse de Belledonne, 73000 Bassens ; 04 79 85 51 90.
- Habitat et humanisme Savoie, maison des associations, 67, rue Saint-François, 73000 Chambéry ; 04 79 33 95 86 ; habitat-humanisme.org/projets/3996.

Ressources

- « Bivouac, un immeuble sain et social », *Silence* n° 364, janvier 2009.

Emmaüs La Roya

Adresse

- Emmaüs La Roya, Cédric Herrou, Marion Gachet, 841, chemin de Veïl, 06540 Breil-sur-Roya ; defendstacitoyennete@gmail.com.

Ressources

- Cédric Herrou, *Une terre commune*, Seuil, 2023.
- « Emmaüs La Roya : la solidarité avant tout », *Silence* n° 511, juin 2022.
- « Emmaüs Roya, un projet de société alternatif fort », emmaus-france.org, 29 janvier 2021.
- Cédric Herrou, *Change ton monde,* Les liens qui libèrent, 2020.
- Nathalie Jourfan, Frédéric Cerulli, Fabrice Gras, Laurent Piacentile, « Les compagnons de la Roya. Enquête que la création de cette communauté agricole Emmaüs » (vidéo), France 3, 6 octobre 2020, 26 min.
- Pierre Isnard-Dupuy et Sébastien Aublanc, « La communauté agricole Emmaüs Roya cultive la solidarité avec les migrants », *Reporterre*, 7 octobre 2019.

La Baraque

Adresse

- La Baraque, c/o Le Bar du Zoo, 124 A, rue de la Baraque, B-1348 Louvain-la-Neuve, Jacques Derbaix ; 00 32 10 45 82 27.

Ressources

- « Reconnaître l'habitat léger en Wallonie », Réseau brabançon pour le droit au logement (RBDL), 2019.
- Romane Dubrulle, « Vivre ensemble et léger à la Baraque », *Silence* n° 473, décembre 2018.
- « Mémorandum pour une reconnaissance sociale et réglementaire de l'habitat léger », Réseau brabançon pour le droit au logement (RBDL), 2016.
- Anaïs Angéras, « Des normes d'"habiter" questionnées : le Quartier de la Baraque », *Socio-Anthropologie* n° 32, 2015.
- Josse Derbaix et un groupe d'habitant·es, « La Baraque, Un quartier alternatif vu par ses habitants », 2006.

Troglobal

Adresse

- troglobal.wordpress.com /artglodyte.org.

Ressources

- Aurélie Bérard, Fred Borys, Elise Charbey, « Village troglobal » (vidéo), TGA production, avril 2014, 2 min.
- « Économie souterraine : le village Troglobal », *Silence* n° 386, janvier 2011.
- Marianne Liégeois, « Le Village Troglobal », reportage. marianneliegeois.com.

Zone à défendre

Adresses

- zad.nadir.org.
- NDDL Poursuivre ensemble, La Basse Bretèche, 44130 Notre-Dame-des-Landes (même code postal pour toutes les adresses suivantes).
- La Terre en commun, Les Fosses noires ; encommun.eco.
- La ferme brasserie de la Bulle Noire, Les Fosses Noires.
- Des chênes et vous, Hangar de l'avenir, Bellevue.
- Le Mouton à 5 pattes, Ferme des 100 Noms, Le Liminbout.
- La forge de Bellevue, Bellevue.
- La ferme des Rosiers, La Riotière.
- Le très petit jardin, Le Tertre, tisanes@letrespetitjardin.net.
- L'Auberge des Q de plomb, Claude et Christiane Herbin, Le Liminbout.
- Bibliothèque Le Taslu, La Rolandière.
- Très-du-Gnon, La Hulotte.
- Atelier de sérigraphie, Le Haut-Fay.
- Ferme de Saint-Jean-du-Tertre, Floriane et Willem.
- Conserverie de La Noé Verte, Chanais, 44119 Grandchamp-des-Fontaines ; conserverie-noe-verte.org.
- La cagette des Terres ; 06 33 39 43 80 ; lacagettedesterres.wordpress.com.

Ressources

- Philippe Graton, *Carnets de la ZAD*, Filigranes, 2019.
- Collectif Comm'un, *Habiter en lutte*, le passager clandestin, 2019.
- Alexandro Pignocchi, *La recomposition des mondes*, Seuil, 2019.
- « Notre-Dame-des-Landes : la ZAD et son avenir en débat », *Silence* n° 483, novembre 2019.
- Cyrille Weiner, Christophe Laurens, Jade Lindgaard, *Notre-Dame-des-Landes ou le métier de vivre*, Loco, 2018.
- Alain Damasio, Virginie Despentes, Bruno Latour, Pablo Servigne, Vandana Shiva, *Éloge des mauvaises herbes. Ce que nous devons à la ZAD*, Les liens qui libèrent, 2018.
- Collectif Mauvaise troupe, *Défendre la ZAD*, L'Éclat, 2016.
- Hervé Kempf, *Notre-Dame-des-Landes*, Seuil, 2014,.
- « Résister aux grands projets inutiles », *Silence* n° 413, juin 2013.
- « Notre-Dame-des-Landes : Avions, il est temps d'atterrir », *Silence* n° 369, été 2009.

Les Lentillères

Adresse

- Quartier libre des Lentillères, 40-45 rue Philippe Guignard, 21000 Dijon ; lentilleres.potager.org.

Ressources

- 150 intellectuel·les, « Laisser vivre le quartier libre des Lentillères à Dijon », *Libération*, 15 janvier 2020.
- « Dijon : le quartier libre des Lentillères, une ZAD maraîchère urbaine », *Silence* n° 474, janvier 2019.
- « Quartier libre des Lentillères à Dijon », *Alter JT* #81, 3 novembre 2015.
- *Une île et une nuit, les pirates des Lentillères* (film), 2023, piratesdeslentilleres.net, 100 min.

Francischu

Adresse

- Francischu, route de Bonifacio, 20131 Pianottoli-Caldarello ; 06 45 36 00 72.

Ressources

- « Communauté : il existe encore des lieux sauvages… », *Silence* n° 430, janvier 2015.

La Mine

Adresses

- La Mine c/o Wilhem Sunt, Pallières, 30140 Thoiras ; page Facebook : « La MINE Espace d'Accueil Temporaire ».
- HALEM, Habitats de logements éphémères ou mobiles, La Chèvrerie, Le Négril, 81140 Vaour ; 06 18 94 75 16 ; halemfrance.org.

Ressources

- « Droit au logement : sur la route des cabanes », *Silence* n° 375, janvier 2010.

AUTRES RESSOURCES SUR L'HABITAT PARTAGÉ

Structures de coordination

- Habicoop, chez Locaux Motiv, 10 bis rue Jangot, 69007 Lyon ; 09 72 29 36 77 ; habicoop.fr.
- Habitat participatif France, 06 45 92 48 87, habitatparticipatif-france.fr
- Réseau des accompagnateurs de l'habitat participatif, rahp.fr.
- Réseau Habiter léger Belgique, habiterleger.be, info@habiterleger.be.

Ouvrages

- Audrey Gicquel, *Les clés de l'habitat participatif. Mes expériences de vivre ensemble*, Yves Michel, 2024.
- Dolores Heyden, *La grande révolution domestique. Une histoire de l'architecture féministe*, B42, 2023.
- Habitat léger, *Habitat léger. Guide pratique pour s'installer en habitat réversible : tiny-house, yourte, bois-terre-paille*, Ulmer, 2023.
- Romane Rostoll et Cristo Corbeau, *Vivre en écolieux*, Ulmer, 2022.
- Pierre Lefèvre, *Le tour de France des acteurs de l'habitat participatif*, Apogée, 2021.
- Nathalie Boquien et Maris Thiriet, *Autonomie solidaire, écovillages et habitats participatifs*, Rustica, 2021.
- Samuel Lanoé, *Petit manuel de l'habitant participatif, bâtir du commun au-delà des murs*, Éditions du commun, 2020.
- Ecoovillars, *Journal d'un habitat participatif*, Les productions du Effa, 2018.
- Jovis, *Europa. Gemeinsam wohnen*, wohnbund e.V. (Hg.), 2015. En allemand et en anglais.
- Camille Devaux, *L'habitat participatif, de l'initiative habitante à l'action publique*, Presses universitaires de Rennes, 2015.
- Anne Bruneau, *Commun village*, Repas, 2016.
- Diana Leafe Christian, *Vivre autrement*, Écosociété, 2015.
- Association écoquartier Strasbourg, *Guide de l'autopromotion*, CAUE du Bas-Rhin, 2015.
- Pierre Lefèvre, *L'habitat participatif, 40 ans d'habitat participatif en France*, Apogée, 2014.
- Pascal Greboval, *Vivre en habitat participatif*, Alternatives, 2013.
- Diana Leafe Christian, *Vivre autrement. Écovillages, communautés et cohabitats*, Ecosociété, 2013.
- Yves Connan, *Habitat groupé participatif*, Ouest-France, 2012.
- Matthieu Lietaert, *Le cohabitat, reconstruisons des villages en villes !* Couleur Livres, 2012.
- Yann Maury (dir.), *Les coopératives d'habitants : méthodes, pratiques et formes d'un autre habitat populaire*, Bruylant, 2011.
- Bruno Parasote, *Autopromotion, habitat groupé, écologie et liens sociaux. Comment construire collectivement un immeuble en ville ?*, Yves Michel, 2011.
- Émilie Cariou, *Habitat groupé et organismes HLM : une utopie réalisable et reproductible ?*, IAE de Bretagne, 2011.
- Rob Hopkins, *Le Manuel de transition*, Écosociété/Silence, 2010.
- Jonathan Dawson, *Les écovillages, laboratoires de mode de vie éco-responsables*, Yves Michel, 2010.
- Pascale d'Erm, Patrick Lazic, *Vivre ensemble autrement. Écovillages, écoquartiers, habitat groupé*, Ulmer, 2009.
- Taoufik Souami, *Écoquartiers, secrets de fabrication*, co-édition Les Carnets de l'info/Scrineo, 2009.
- *Écoquartiers d'Europe*, Philippe Bovet, Terre vivante, 2009.
- Florence Bouillon, *Les mondes du squat. Anthropologie d'un habitat*, PUF, 2009.
- Bruno Peuportier, *Éco-conception des bâtiments et des quartiers*, Presses de l'École des mines, 2008.
- Christian La Grange, *Habitat groupé. Écologie, participation, convivialité*, Terre Vivante, 2008.
- Bernard Haumont (dir.), *La société des voisins. Partager un habitat collectif*, Maison des sciences de l'homme de Paris, 2005. Sur les rapports entre les voisins dans un immeuble classique.
- Ivan Illich, *L'art d'habiter, in Œuvres complètes*, vol. 2, Fayard, 2005.
- Mouvement pour l'habitat groupé autogéré, *Habitat autogéré*, Alternatives/Syros, 1983.
- Philippe Bonnin, Paul Reynaud, *Autogestions : les utopistes du mètre carré. Mouvements et expériences de l'habitat autogéré*, Privat, 1982.

Dossiers parus dans Silence

- « Les chantiers de l'habitat léger », *Silence* n° 605, décembre 2021.
- « Les nouveaux visages de l'habitat participatif », *Silence* n° 462, décembre 2017.
- « Loi Duflot : pour mieux se loger ? », *Silence* n° 432, mars 2015.
- « Les limites des écoquartiers », *Silence* n° 416, octobre 2013.
- « Vivre en colocation », *Silence* n° 383, octobre 2010.
- « Démarches participatives d'habitat », *Silence* n° 372, 2009.
- « Vivre en habitat écologique collectif », *Silence* n° 358, juin 2008.
- « Écocités, vers des villes plus durables », *Silence* n° 307, février 2004.
- « Écovillages, rêve ou réalité ? » *Silence* n° 282, avril 2002.
- « L'habitat convivial aux États-Unis », *Silence* n° 274, septembre 2001.
- « Vivre ensemble », *Silence* n° 226, janvier 1998.
- « Les communautés aujourd'hui », *Silence* n° 192, juillet 1995.

Bandes dessinées

- Emmanuel Lepage, *Cache-cache bâton*, Futuropolis, 2022.
- Yann Benoit et Hervé Tanquerelle, *La communauté. Entretiens. L'intégrale*, Futuropolis, 2010.

Films

- Matthieu Lietaert, *Vivre en cohabitat, recréer des villages en ville*, 2007.

Autres supports

- Vincent Renauld, « Fabrication et usage des écoquartiers français : éléments d'analyse à partir des quartiers de Bonne (Grenoble), Ginko (Bordeaux) et Bottière-Chénaie (Nantes) », thèse d'urbanisme, INSA, 28 juin 2012.
- Véronique Biau, Anne Orazio, Ioana Iosa, Héloïse Nez, *Habitat en autopromotion, étude de six cas franciliens*, PUCA, 2012.

LES HABITATS GROUPÉS EN FRANCE

Liste réalisée à partir d'un recensement réalisé dans le cadre de la préparation de la Loi Alur, 2014.

Dpt.	Ville	Nom	Date	Nb logements
2A	Ajaccio	Ekoïlo	2015	11
06	Biot	Hédina	2013	8
	Cannes	Farigoule	1983	25
07	St-Etienne-de-Serre	Eco hameau Cintenat	2009	9
	Berrias-et-Casteljau	Le hameau des Buis	2011	20
14	Louvigny	Les z'écobatisseurs	2013	13
17	Bernay-Saint-Martin	Hélioterre	2012	
	La Rochelle	Sol6	1982	6
21	Quetigny	La Veuglotte	1982	10
22	Lannion	Park-an-Denved	1989	10
	Lannion	Main Forte	2014	7
26	Dieulefit	Ecoravie	PC 2014	16
	Die	Habiterre	2012	10
29	Loperhet	Ecocum	2012	10
	Brest	Ékoumène	2014	6
30	Saint-Hippolyte-du-Fort	Habitat participatif de Croix-Haute	PA 2014	30
31	Ramonville-Saint-Agne	Mange-Pomme	2014	8
	Ramonville-Saint-Agne	L'ouvert du canal	2013	8
	La Croix-Falgarde	Calaria	1972	10
	Gensac de Boulogne	Ecolectif	2009	16
34	Montpellier	MasCobado	2015	23
	Montpellier	Mas Reynes	2011	9
35	Betton	Le Gille Pesset	1972	7
	Rennes	La petite maison	1987	4
	Chevaigné	Eco hameau de Chevaigné	2012	12
	Rennes	La petite maison	1987	4
	Saint-Germain-sur-Ille	La Cie Rit	2014	4
	Clayes	Les petites haies	2014	6
	Redon	Pablo Neruda	1986	?
	Langouët	Ecolotissement La Pelousière	2011	12

Dpt.	Ville	Nom	Date	Nb logements
38	Saint-Antoine-l'Abbaye	Eco hameau Chabeaudière	2014	14
	Grenoble	DO-MI-SI-LA-MI	2012	6
	Grenoble	La Salière	2010	5
	Meylan	Hélix	1985	7
	Grenoble	Le PasSage	1995	5
	Meylan	Les naïfs	1985	13
	Villefontaine	La Viorne	1985	13
	Grenoble	Copro des 7 familles	2011	7
	Pontcharra	Les Granges des Toits Liés	2013	8
42	Andrézieux-Bouthéon	La Bariole	2016	17
	Saint-Etienne	Les castors Desjoyaux	2015	13
44	Rezé	Les petits moulins	2012	6
	Rezé	Le hameau des champs	2012	12
	Soulvache	Le Manoir de la Grée	2005	8
	Nantes	La Boîte noire / Bazantay-Nauleau	2014	6
	Nantes	Escapades	2014	9
	Nantes	Babel Ouest	2010	5
	Sainte-Luce-sur-Loire	Moulin des Landes	1981	5
	Saint-Nazaire	La Bosse	1981	10
46	Andral / Le Vigan	Eco hameau d'Andral	2015	12 / 25
49	Angers	Habitat Différent	1987	17
	Angers	Eco-quartier «Les prés»	2013	64
56	Saint-Nolff	Les Voisins Volontaires	PC 2014	13
	Le Bono	Le Fil du Bono	2014	4
	Silfiac	Oglenn ar vourc'h	2006	15
59	Saméon	La Cens Inverse	2012	4
	Lille	Les voisins du quai	2015	12
	Villeneuve-d'Ascq	Anagram	1991	10
	Villeneuve-d'Ascq	Hagrobi	1981	8
	Villeneuve-d'Ascq	Les crieurs	1982	9
61	Alençon	Le Hamel	1975	?
67	Neudorf	Ecologis	2010	10
	Pfaffenhoffen	Les co-lotis du Steinberg	2015	8
	Saverne	La fontaine aux abeilles	2013	6
	Strasbourg	Making Hof	2015	8
	Strasbourg	Melting Potes	2014	4
	Strasbourg	Cronenbourg - Brasserie	2015	24
69	Villeurbanne	Le village vertical	2012	14
	St-Germain-au Mont d'Or	Choux lents	2012	7

Dpt.	Ville	Nom	Date	Nb logements
	Sainte-Foy-lès- Lyons	Hameau du Plan du Loup	1981	4
	Graves-sur-Anse	Berger	1983	?
	Graves-sur-Anse	Les muriers	1982	6
	Grézieu-la-Varenne	Coteau de la Chaudanne	2015	36
	Crapone	La Gadagne	1982	?
73	Dullin	Le château Partagé	2011	6
75	Paris 10e	Lavoir du Buisson Saint-Louis	1980	14
	Paris 19e	Solitaires	1980	?
	Paris 13e	Dumeril	1981	7
	Paris 15e	L'Astrolarbre	2007	12
78	Guyancourt	Les Saulaires	1987	6
	Guyancourt	Le Villebrequin	1983	?
82	Verfeil-sur-Seye	Eco hameau de Négo-soume	2011	8
83	Le Cannet-des-Maures	Ecolieu du Bois de Brindille	PC 2013	14
87	Ladignac-le-Long	Le moulin du Bussex	2012	4
88	Saint-Dié-des-Vosges	Ecolline	2015	6
91	Saulx-les-Chartreux	Le Kolkhose	1978	6
	Palaiseau	Le verger de Sylvestre	2015	17
	Palaiseau	Les Piverts	1967	?
	Palaiseau	Les Sittelles	1970	11
	Palaiseau	Les Verdiers	1971	?
	Orsay	Orsay les sablons	1982	?
92	Châtenay-Malabry	Le Sarment des Bénards	1991	4
	Meudon	Les jardies	1975	12
	Meudon	La Maison du Val	1979	10
	Vanves	La fonderie	1987	12
	Nanterre	le grand portail	2013	15
	Rueil-Malmaison	La Pommeraie	1973	7
	Nanterre	Chevremont	1979	?
93	Montreuil	La maison des Babayagas	2012	25
	Montreuil	Couleur d'orange	1987	11
	Montreuil	Diwan	2008	8
	Montreuil	Le Cub	2015	13
	Montreuil	Souris Verte	1992	9
	Montreuil	Le Luat	1992	23
	Montreuil	APAUm	2009	8
95	Jouy-Le-Moutier	La Hayette	1987	9
	Jouy-Le-Moutier	Cergy Vigne Blanche	1986	9
	Courdimanche	D'Atonix	2015	10
	Saint-Cyr-en-Arthies	Le Champ Foulon	2014	30

REMERCIEMENTS

Nous tenons à remercier les très nombreuses personnes qui nous ont aidés dans nos démarches, et tout particulièrement celles qui nous ont ouvert leurs espaces et nous ont raconté leurs modes de vie, en nous laissant entrevoir leur intimité en toute confiance. Nous espérons avoir restitué le plus fidèlement possible ces belles histoires de vie. En tout cas, nous l'avons fait avec toute l'empathie, la bienveillance et l'intérêt dont nous sommes capables.

Suzanne Auger (la Fonderie), **Julie Barbeillon** (la Maison écologique, écoquartier des Courtils), **Nicholas Bell** (Longo Maï), **Marion Bichet** (revue *Silence*), **Rebecca Bilon** (quartier Vauban, Confluence, revue *Silence*), **Marion Boé** (Cité des Abeilles), **Lucilla Borio** (Torri Superiore), **Damien Bouveret** (revue *Silence*), **Philippe Bovet** (*ÉcoZac*), **Brigitte Brault** (Cité radieuse, Notre-Dame-des-Landes), **Claire Brisson** (quartier Vauban), **René Bruneau** (Chemins de vie), **Camille** (Notre-Dame-des-Landes), **Mauge Cañada** (Arterra), **Olivier Chamarande** (Village vertical), **Jean-Marc Chazot** (Castors Saint-Étienne), **Christina Chorafas** (communautés de l'Arche), **Olivier Clementz** (communautés de l'Arche), **Philippe Debuigne** (Yapluka), **Raphaël Denis** (Fontaine-Daniel), **Josse Derbaix** (La Baraque), **Romane Dubrulle** (La Baraque, revue *Silence*), **Olivier et Monique Duizabo** (La Colonie), **Flora Fernandez** (Babayagas), **Pierre et Simone Gabriac** (Roquebrune), **Marion Gachet** (Emmaüs La Roya), **Guillaume Gamblin** (14, rue de Sèvres, revue *Silence*), **Benjamin Gauducheau** (Notre-Dame-des-Landes), **Martha Gilson** (revue *Silence*), **Geneviève Girard** (Chemins de vie), **Michel Gayout** (Hameau de la Brousse), **Jean-Pierre Genevois** (ZAC Desjoyaux), **Germain** (Emmaüs Lescar-Pau), **Élise Glémain-Shay** (Fontaine-Daniel), **Claire Grenet** (revue Silence), **Dominique Hays** (Chênelet), **Julie Hazemann** (Paris-Jardins), **Cédric Herrou** (Emmaüs La Roya), **Johan Hoeijmakers** (*Écolonie*), **Rachel Honnert** (Abri-Coop), **Marie-France Huet** (cité des Abeilles), **Imane** (Îlot13), **Françoise Janin** (Hameau des Buis), **Daniel Jaunas** (la Fonderie), **Jean-Marc Jourdain** (la Convention), **Hélène Le Cheveiller** (hameau de la Brousse), **Léa Le Foll** (Village vertical), **Franck Le Bail** (ZAC Desjoyaux et Castors), **Geneviève Lebouteux** (Notre-Dame-des-Landes), **Tess Leduc** (Abricoop), **Stéphanie Leloup** (la Convention), **Francis Levasseur** (revue *Silence*), **Salim Mokhnachi** (cité des Abeilles), **Philippe Mollon-Deschamps** (Le Lavoir), **Morgan** (les Lentillères), **Hélène Noizet** (Cité Bruno), **Pako** (Troglobal), **Paloma** (les Lentillères), **Laurent et Pascale Périnel** (Bivouac), **Jocelyn Peyret** (Cité ouvrière de Mulhouse, *ÉcoLogis*, revue *Silence*), **Vincent Peyret** (quartier de Bonne), **Stéphane Perraud** (Village vertical), **Félicien Porro** (Emmaüs Lescar-Pau), **Sophie Rabhi** (hameau des Buis), **Frédéric et Sylvie Rouziès** (la Convention), **Mycle Schneider** (Paris-Jardins), **Christian Sunt** (la Mine), **Willem Sunt** (la Mine), **Françoise Tetart** (Abricoop), **Chantal Thiebaud** (Babayagas), **Andreas Tirler** (le Béal), **Janneke Tops** (Écolonie), **Reinhard Treder** (Francishu), **Virginie et Max** (Notre-Dame-des-Landes), **Vincent Walter** (la Baraque), **Reine Wekstein-Roman** (la Fonderie), **Hans Widmer** (Kraftwerk).

Le reportage sur la Baraque (chapitre 10) reprend quelques citations d'un article de Romane Dubrulle paru dans la revue *Silence* n° 473 (décembre 2018).

EMPREINTE ÉCOLOGIQUE

La réalisation des reportages pour écrire ce livre a nécessité beaucoup de déplacements. Pour limiter notre empreinte écologique, nous avons d'entrée refusé le recours à l'avion et essayé de privilégier l'usage du train et du vélo. Malgré cela, du fait de l'enchaînement des reportages, nous avons souvent dû nous déplacer en voiture de location (nous n'avons plus de voiture personnelle depuis plus de vingt-cinq ans).

Concrètement, pour une cinquantaine de reportages, nous avons utilisé un train 30 fois, un métro 14 fois, un navire 4 fois, un vélo 4 fois, un bus 3 fois et une voiture… 33 fois !

IMPRIMÉ EN ITALIE
Dépôt légal : 1er trimestre 2025
Achevé d'imprimer en janvier 2025
sur les presses de l'imprimerie LEGO en Vénétie.

Numéro d'impression :
ISBN : 978-2-36935-653-0